세상에 없는 학교 :
마이폴학교 이야기

정답보다 질문이 많은 틀 바깥의 진짜 교육

세상에 없는 학교 : 마이폴학교 이야기

박왕근 지음

프롤로그

정답을 멈추고, 질문을 시작한 학교

우리는 이미 오래전부터 미래에 살고 있다. 인공지능이 뉴스를 생산하고, 음악을 작곡하고, 코드를 완성하는 시대. 기계가 정보를 모으고, 요약하고, 해석하며 인간의 언어를 '이해하는' 듯한 착각을 일으키는 이 시대에, 스스로에게 묻지 않을 수 없다. '그렇다면 인간은 이제 무엇을 배워야 하는가?'

이 질문은 단순한 기술의 변화에 대한 반응이 아니다. 이것은 교육의 존재 이유에 대한 질문이자 지금의 교실이 아이들에게 어떤 힘을 길러주고 있는가에 대한 근본적 성찰이다. 그리고 이 질문 앞에서, 우리는 불편한 현실을 마주하게 된다.

오늘도 교실에서는 같은 시간표, 같은 교과서, 같은 문제집이 다람쥐 쳇바퀴 돌 듯 돌아간다. 학생들은 정해진 단원에 맞춰 책장을 넘기고, 주어진 문제를 정해진 시간 안에 풀어낸다. 배움은 여전히 '속도와 정확성'의 문제로 다뤄지고 있고, 사고는 선택지를 고르는 훈련으로 축소되고 있다.

교사는 가르치고, 학생은 듣는다. 질문은 드물고, 질문을 잘하는 아이는 때로 '진도를 방해하는 학생'이 된다. 교실 안은 조용하고 질서정연하지만, 그 안에서 아이들의 호기심은 점점 더 작아지고, 생각하는 근육은 점점 더 메말라가고 있다.

학교는 점점 더 정밀한 채점 시스템이 되어가고 있지만, 그 속에서 아이들이 배우는 것은 삶과 무관한 '정답의 공식'이다. "왜 배워야 하나?"라는 질문은 사라지고, "어떻게 외워야 하나?"만 남았다. 그렇게 우리는 아이들이 미래를 준비해야 한다고 말하면서 여전히 과거를 반복하게 만드는 구조 속에 가둬두고 있다.

그러나, 바로 이런 현실을 정면으로 부정한 학교가 있다.

충북 괴산에 위치한 마이폴학교. 지금 대한민국 교육계에서 가장 주목받고 있는 대안교육의 모델이자 교실 바깥에서도 '새로운 배움의 가능성'을 가장 설득력 있게 보여주는 사례로 손꼽히는 곳이다.

마이폴학교는 2014년, '강의 없는 학교, 시험 없는 학교, 경쟁 없는 학교'라는 슬로건과 함께 시작된 폴수학학교에서 출발했다. 처음 이 슬로건을 들은 사람들은 하나같이 고개를 갸웃거렸다. "시험이 없다고?", "강의도 안 한다고?" 하지만 그 질문에 대한 해답을 마이폴학교는 스스로의 방식으로 증명해냈다.

이곳에서는 정해진 교과과정이 없다. 수업은 있지만, 강의는 없다. 교사는 설명하지 않고, 학생은 주입받지 않는다. 배움은 '필요'에서 시작되고, '질문'을 통해 자라난다. 학생들은 각자의 관심사에 따라 프로젝트를 설계하고, 그 과정을 스스로 탐구한다. 어떤 학생은 기후변화를 주제로 전 세계 데이터를 분석하고, 어떤 학생은 지역 농민과 인터뷰하며 지속 가능한 농업 방식을 연구한다. 코딩, 글쓰기, 영상 제작, 심리학, 철학, 수학에 이르기까지 모든 배움은 삶과 연결된 문제로부터 시작한다.

이렇게 살아 움직이는 학습 속에서 마이폴학교의 아이들은 때로는 대학의 교과과정을 뛰어넘고, 때로는 정규 교육제도의 울타리 바깥에서 스스로 자신의 교육을 설계한다. 이들은 '누가 더 빨리 맞히는가?'를 겨루지 않는다. 대신 '누가 더 깊이 탐구하는가?', '누가 더 의미 있는 질문을 던지는가?'를 중요시한다. 그리고 바로 그 점이 마이폴학교가 지금 국내외 교육자들과 연구자들이 가장 자주 찾는 학교가 된 이유다.

어떤 이는 말한다. "그건 특별한 아이들이니까 가능한 일 아니냐고." 하지만 마이폴학교는 '특별한 아이들'을 만든 게 아니라 '아이들을 특별하게 대우하는 학교'였을 뿐이라고 답한다. 이곳에서는 누구나 질문할 수 있고, 누구나 실수할 수 있고, 누구나 자기만의 속도로 성장할 수 있다. 그 당연한 전제를 교육의 가장 중심에 둔 것이다. 그리고 그것이 바로 지금 우리가 잃어버린 교육의 본질이기도 하다.

우리는 지금, 교육이 길을 잃은 시대에 살고 있다. AI가 정답을 대신 써주는 세상에서, 인간은 여전히 정답을 외우고 있다. 진짜 필요한 것은 문제를 정의할 수 있는 사람, 정해진 답이 없을 때 '어디서부터 시작할지'를 상상할 수 있는 사람이다.

마이폴학교는 바로 그 교육의 가능성을 단지 말이 아니라 실천으로 증명하고 있다. 이 책은 그 여정을 따라가며 지금의 교육을 비판하는 동시에 다음 교육의 가능성을 제시하는 이야기를 담고 있다. 우리가 이 책에서 다루는 것은 단지 한 학교의 성공 사례가 아니다. '우리 아이들은 어떤 교실에서 공부해야 하는가?', '미래를 살아낼 힘은 어디에서 길러야 하는가?'에 대한 또 하나의 진지한 답변이다.

이제, 교실 이야기는 다시 쓰여야 한다. 그리고 마이폴학교는 그 교실 이야기를 다시 쓰면서 동시에 그리고 있는 중이다.

– 2025년 9월,

괴산에서 박왕근

차례

프롤로그 정답을 멈추고, 질문을 시작한 학교 ___ 4

PART 1

시험의 나라, 사라진 질문들

1 경쟁의 민낯, 과연 무엇을 위하여 ___ 17
   ▮ '점수'라는 좁은 문으로 내몰리는 현실

2 껍데기만 남은 과목, 시험만 남은 교실 ___ 23
   ▮ 시험의 목적이 다르면, 사고의 방향도 달라진다

3 성장의 끝, 교육은 무엇을 놓쳤는가 ___ 27
   ▮ 깊게 생각하는 사람이 필요하다

4 느린 아이가 더 멀리 간다 ___ 34
   ▮ 질문을 허락하는 교실, 그 첫걸음

PART II

AI 시대, 진짜 공부란 무엇인가

5 틀을 넘어 성장하기 ___ 45
　　▌몰입은 환경이 만든다

6 배운다는 것은 무엇이어야 하는가 ___ 59
　　▌교육의 목적은 '지식을 넘는 존재 만들기'

7 비인지적 역량과 인성교육 ___ 66
　　▌마이폴학교가 보여준 인성교육의 미래

8 세상에서 가장 큰 즐거움을 찾아서 ___ 75
　　▌이름만 바뀐 것이 아니다

PART III
스스로를 발견하는 학교

9 삶을 바꾸는 배움을 꿈꾸다   __ 94
  ▮ 질문하고 연결되는 배움의 의미

10 삶의 방향을 설계하는 학교   __ 101
  ▮ 10대의 집중력, 세상을 바꾸는 가능성으로

11 대학원처럼 배운다고?   __ 108
  ▮ 느리게, 그러나 깊게 자라는 아이들

12 질문에서 시작하는 하루, 마이폴의 교실   __ 117
  ▮ 삶과 연결되는 배움의 구조

13 "질문이 자라는 교실"을 꿈꾸며: 마이폴학교의 여정과 오늘   __ 123
  ▮ 학교가 바뀌면 아이가 바뀐다: 마이폴의 다양한 풍경들

PART IV

다시 교실을 상상하다

14 자아 탐색에서 진로 설계까지 성장 로드맵 ___ 139
  ▍나를 움직이는 첫 순간

15 스마트폰을 끄기보다 마음을 여는 한마디 ___ 147
  ▍디지털 시대, 아이의 마음을 먼저 읽는 학교

16 마음이 먼저다, 성장은 그다음이다 ___ 159
  ▍관계에서 시작하는 공부, 공부로 회복되는 관계

17 지금, 교육은 누구를 기다리고 있는가 ___ 164
  ▍마이폴이 발견한 교육의 중심: '관계'와 '회복'

에필로그 인생에 정답은 없다 ___ 170
부록 1 마이폴학교 라이프스타일 ___ 179
부록 2 마이폴 사람들의 이야기 ___ 187

PART I

1

시험의 나라,
사라진 질문들

1

경쟁의 민낯, 과연 무엇을 위하여

정형화된 틀에 맞춰진 시험만 잘 보면 성공이 보장된 시대가 있었다. 밤 12시까지 학교 책상 앞에 앉아 쉼 없이 문제를 '많이' 풀고, 정답을 완벽하게 외우는 사람이 좋은 성적을 얻었고, 그 성적은 곧 좋은 대학, 안정된 직장으로 이어졌다. '아는 만큼 성공한다'는 공식이 통하던 시절이었던 것이다.

하지만 말 그대로 '시대'가 바뀌었다. 이제는 '무엇을 얼마만큼 아느냐'가 아니라 '어떻게 생각하고, 어떻게 협력하며, 어떻게 문제를 해결하는가'가 더 중요한 시대가 된 것이다. 기술의 발전과 사회의 복잡성은 개인의 지식 총량보다 문제를 대하는 태도와 방식, 타인과의 소통력, 끊임없이 배워나가는 역량을 더 중요하게 만들었다.

그럼에도 불구하고 대한민국의 교육은 여전히 정답을 맞히는 방식에 머물러 있는 것이 사실이다. 지식 중심 교육은 여전히 교실을 지배하고 있고, 시험과 성적은 아이들의 하루를 좌우한다. 수학, 영어, 코딩 같은 과목들은 본래의 학습 취지와는 다르게 시험 성적을 위한 기술쯤으로 변질되고 있다.

이 책은 지금 이 순간 대한민국의 교실에서 일어나고 있는 이러한 모순을 하나씩 짚어보고자 한다. 그리고 교육이 본래 나아가야 할 방향, 즉 사고력·소통력·실행력을 기르는 진짜 배움으로 돌아가기 위해 무엇을 바꾸고, 무엇을 회복해야 하는지를 함께 고민해 보고자 한다.

▎'점수'라는 좁은 문으로 내몰리는 현실

수학, 영어, 코딩. 이 세 과목은 선행과 속도가 압박 그 자체이자 조기 사교육의 문제점, 낯선 언어에 대한 두려움과 과잉

기대 때문에 학생들에게 가장 많은 부담을 주는 과목이지만, 동시에 미래를 준비하는 핵심 역량을 길러주는 과목이라는 아이러니를 안고 있다. 이러한 이유로 오늘날 우리 교육 현장에서 이 세 과목이 지닌 교육의 틀 안에서의 본질은 점점 희미해지고 있다.

수학은 창의적 사고력과 논리적 추론을 기르기 위한 학문이다. 그러나 현실의 교실에서는 '진도=사고력'이라는 잘못된 공식이 여전히 통용된다. 아이들은 수학을 이해하고 탐구하기보다 빠르게 진도를 나가고 유형 문제를 반복 훈련하며 점수를 올리는 데만 집중한다. 학원에서는 초등학생이 고등수학을 선행하고, 학교에서는 익숙한 문제 유형을 얼마나 빠르게 풀 수 있는지만을 평가한다. 현장에서 그리도 외치는 창의력은 뒷전이 된 지 오래다.

영어라고 해서 별반 다르지 않다. 언어란 본래 타인과의 소통을 위한 수단이지만, 우리 학생들에게 영어는 '점수를 따기 위한 장치' 정도로 인식되어 있다. 초등 고학년부터 토익, 텝스, 아이엘츠 같은 인증시험에 도전하고, 말 한마디 하지 못해도 문법과 어휘 문제만을 반복해서 푸는 수업이 이어진다. 말할 수 있는 영어, 들을 수 있는 영어보다 시험에 나오는 문형을 외우고 정답을 고르는 훈련만이 남아 있는 것이다.

코딩도 예외는 아니다. 창의성과 문제 해결력을 기르기 위한 도구로 도입된 코딩 교육. 현실에서는 이미 상용화된 알고리즘을 답습하거나 다른 사람이 만든 블록을 조립해 보는 수준에 머무는 경우가 많다. 정작 중요한 '왜 그렇게 코드를 짜야 하는가?'라는 사고의 과정은 충분히 다뤄지지 않는다. 그 결과, 코딩은 아이들에게 또 하나의 암기 과목이다.

절대평가가 도입된 이후, 중학교 교육은 겉보기엔 덜 경쟁적으로 바뀐 것처럼 보인다. 그러나 실상은 정반대라고 말하고 싶다. 성적 인플레이션이 심화되면서 이제는 전 과목 A등급을 받지 않으면 특목고나 자사고에 지원조차 어렵다는 인식이 퍼졌다. 또한 중상위권 학생들 사이에서는 한 과목에서 한 문제만 실수해도 미래가 좌절된다는 불안감이 팽배해져 버렸다. 결과적으로, 절대평가는 학생들의 부담을 덜기보다 오히려 더 극단적인 형태의 성적 불안과 경쟁 심리를 낳고 있을 뿐이다.

이러한 흐름은 고등학교라고 해서 예외가 아니다. 한때는 내신이 나쁜 학생도 명문대에 진학하곤 했다. 하지만 최근에는 공정성에 대한 시비와 함께 5등급제로의 변화가 오히려 내신의 중요성을 강조하고 있다. 이에 따라 고등학생 역시 내신에 '올인'하는 분위기가 강해졌고, 기출문제를 500문제에서 많게는 1,000문제까지 반복 학습하는 사례도 흔해졌다. 문제는, 시험이 점점 정교해지고 어려워져서가 아니라 시험의 방식과 평가지표는 그대로인 채, 학생들의 '준비량'만 과도하게 늘어났다는 점이다.

불과 20여 년 전만 해도 학생들은 시험 일주일 전쯤부터 준비하는 것이 보통이었고, 그 안에서 실력의 차이가 드러났다. 그러나 지금은 방학 중 선행학습이 기본이 되었으며, 학기 중에는 사실상 365일 내내 시험을 준비해야 하는 구조가 되었다. 교과서는 진도를 나가기 위한 도구일 뿐, 실제 학습은 사교육과 기출문제 속에서 이뤄진다. 학생들은 반복 훈련을 통해 시험을 통과하는 방법은 배웠지만 그 안에서 질문하고 탐구하고 협력하는 능력은 오히려 약화하고 있다.

시험이 교육의 목표가 되어버린 사회에서 과목의 본질은 점점 사라져간다. 수학, 영어, 코딩이라는 미래형 역량 과목조차도 시험에 적합한 '문제 풀기'에 길들여지고 있는 것이다. 창의력, 의사소통력, 디지털 리터러시라는 이름 아래 출발한 교육은, 다시 '점수'라는 좁은 문으로 내몰리고 있다. 이 안에서 아이들은 본질을 배우지 못하고 대신 미래에 불필요한 기술만을 익히고 있는 것은 아닐까?

2　껍데기만 남은 과목, 시험만 남은 교실

지금 대한민국의 교실을 들여다보면, 과목이 존재하는 본래의 목적은 어디론가 사라지고, 껍데기만 남아 있는 듯한 인상을 준다. 수학이 사고력과 논리력, 영어가 소통 능력, 코딩이 문제 해결력과 창의성을 길러주는 도구라는 건 누구나 알고 있는 사실이다. 하지만 현실에서 이 과목들은 그 본질을 잃은 채, 시험 점수를 위한 도구로 전락해 버렸다. 학생들은 "왜 이걸 배우는가?"라는 질문을 입 밖에 꺼내기조차 두려워하고, 교사는 "일단 이걸 외워두면 시험에 나올 것"이라는 말로 수업을 이어간다. 그렇게 모두가 본질은 침묵하고, 시험에만 매

달려 소리 없는 비명을 지르고 있다.

이런 현실을 날카롭게 그려낸 실험이 있다. 2015년 11월에 방영되었던 KBS 다큐멘터리 프로그램 〈명견만리〉의 '어떻게 생각의 힘을 키울 것인가' 편에서는 한국의 고등학교 1학년 수학 내신 시험지를 프랑스어로 번역해, 프랑스 고등학교 3학년 학생들에게 풀게 했다. 결과는 충격적이었다. 67점 만점에 평균 점수는 약 15점. 학년을 두 단계나 낮춰 출제된 시험이었음에도 성적은 기대 이하였다. 시험지를 접한 프랑스 학생들은 혼란스러워했고 이 문제를 왜 이렇게 풀어야 하는지를 이해하지 못한 채 시험을 끝마쳤다.

시험 후 몇몇 학생들은 이렇게 말했다. '이곳에서는 하나의 주제에 관한 문제가 여러 가지로 나옵니다. 하나의 주제에 대해 생각할 수 있게 도와주는 거죠.' 다른 학생은 '한국식 시험에서는 정답을 모를 때 아무 답이나 찍을 수 있는데, 프랑스 시험에서는 그럴 수 없죠'라고 말했다.

이 결과를 두고, 프랑스가 한국보다 수학 수준이 낮다고 말할 수 있을까? 아이러니하게도 전 세계에서 인구 대비 가장 많은 필즈상(세계수학자대회에서 4년마다 수여하는 상으로 아벨상,

울프상 수학 부문과 함께 수학계의 노벨상) 수상자를 배출한 나라가 바로 프랑스이다. 2025년 현재 객관적인 수치상으로도 미국의 14명과 함께 공동 1위이다.

반면 한국은 지금까지 필즈상 한 명에 과학 분야의 노벨상 수상자는 단 한 명도 배출하지 못했다. 수치만 놓고 보면, 프랑스는 단순히 수학을 잘하는 나라가 아니라 수학을 깊이 있게 사고하고 탐구하는 문화를 가진 나라가 아닐까.

▎시험의 목적이 다르면, 사고의 방향도 달라진다

결국 이 실험이 말해주는 것은 시험 방식의 차이다. 프랑스는 사고 과정과 논리를 묻는 서술형, 논술형 평가가 일반적이다. 하나의 문제를 두고 어떻게 접근했는지, 그 과정을 얼마나 명확하게 표현할 수 있는지가 핵심이다. 반면 한국의 시험은 제한된 시간 안에 많은 문제를 빠르게 풀고, 정답을 정확히 고르는 것이 관건이다. 누가 더 빨리, 누가 더 많이 맞히느냐가 기준이 된다는 것이다. 문제 해결을 위한 '사고의 흐름'보다 정답을 향한 '기계적 기술'이 우선되는 시험. 그래서 프랑스 학생들은 한국식 시험에서, 한국 학생들은 프랑스식 시험에서 모두 고전할 수밖에 없었다.

우리는 여기서 다시 묻지 않을 수 없다. '과연 어떠한 평가 방식이 진짜 사고력을 측정할 수 있는가?', '어떤 교육이 더 미래 지향적인가?' 물론 정답은 이미 나와 있다. 사고 과정과 표현, 논리와 설득을 중시하는 교육이야말로 결국 창의성과 문제 해결력을 키우는 교육이며, 그 교육을 바탕으로 세계적인 걸출한 수학자들이 배출된다.

시험은 교육의 끝이 아니라 수단이어야 한다. 그런데 우리는 그 수단을 절대화해 버렸다. 학생들은 교과서 대신 문제집과 기출문제에 익숙해지고, 생각보다 암기에 더 많은 시간을 쏟아붓는다. '왜?'라는 질문은 자취를 감췄고, '어떻게 하면 더 빨리, 더 많이 맞힐 수 있을까?'만이 교실을 지배하는 것은 아닐까.

수학도, 영어도, 코딩도, 아니 다른 모든 과목의 본질 자체가 점점 소멸하고 있다. 과목은 남았지만 가르치고 배우는 이유는 사라진 교실. 지금 한국 교육이 마주한 진짜 풍경이다.

3

성장의 끝, 교육은 무엇을 놓쳤는가

대한민국 사회는 현재 '축적의 결핍'이라는 커다란 벽 앞에 서 있다. 서울공대 교수 26인이 집필한 《축적의 시간》은 이러한 현실을 냉정하게 직시해 엄청난 반향을 불러일으켰다. 대한민국은 선진국처럼 오랜 시행착오의 경험도, 중국처럼 거대한 내수시장에서 온갖 실험을 반복하며 쌓아 올린 내공도 없는 것이 사실이다. 짧은 시간 안에 고도성장을 이뤄내야 했던 이 나라는 모방과 추격, 속도와 효율 중심의 전략으로 오롯이 앞만 보고 달려왔다. 그 과정에서 우리는 경제 성장을 이뤄냈지만, 본질을 바라보는 힘은 기르지 못했다.

이는 단지 산업 전략의 문제가 아니라 사고방식과 교육의 방식까지 포괄하는 구조적 한계로 이어졌다. 창의적 사고 교육의 개척자 에드워드 데 보노Edward de Bono는 1960년대에 '수평적 사고lateral thinking'라는 개념을 처음으로 제시하며 전 세계 교육계에 큰 반향을 일으킨 학자다. 특히 그는 전통 교육이 "정답을 빠르게 찾는 법"만 강조한 나머지, 아이들에게 '생각하는 법' 즉, 문제를 새롭게 바라보는 힘을 가르치지 못하고 있다고 비판했다. 그의 핵심 주장은 명확했다.

"정답보다 중요한 것은 그 문제를 어떤 시선으로 바라보느냐이다." 이러한 비판은 1960~80년대 서구 교육을 겨냥한 것이었지만 지금 대한민국의 교육 현실과 놀랍도록 닮아 있다. 빠르게 진도를 나가야 하는 교실에서 질문은 불편한 것으로 간주되고 아이들은 정답만을 외우는 훈련에 익숙해진다. 정해진 틀 안에서 문제를 푸는 데는 능숙하지만 그 문제를 다른 방식으로 바라보거나 재구성하는 능력은 기르기 어렵다.

데 보노의 말처럼 진짜 교육은 정답 맞히기 기술을 가르치는 것이 아니라 사고의 방향을 바꾸는 일이다. 지금 우리 교육이 회복해야 할 것도 바로 그 지점이다. 생각의 깊이, 질문의 힘, 탐색의 여유. 이것이 아이들에게 주어질 때 비로소 배움은 살아 움직인다.

대한민국 사회가 진정으로 '다음 단계'로 나아가기 위해서는 눈앞의 경쟁이 아니라 질문을 품을 수 있는 여유와 방향을 고민할 수 있는 내공이 필요하다. '빠름'의 시대를 살아온 우리가 이제 돌아봐야 할 질문은 이것이다. '우리는 얼마나 멀리 왔는가가 아니라, 어디로 가고 있는가이다.'

문제는 지금도 같은 방식으로 사람을 기르고 있다는 점이다. 그동안은 '빠르게 따라잡는 능력'이 성공의 기준으로 평가받을 수 있었지만, 이제는 누구보다 먼저 새로운 문제를 정의하고 그 문제를 해결하는 구조 자체를 설계할 줄 아는 사람이 필요해진 것이다. 사물의 본질을 꿰뚫는 눈과 그 통찰을 바탕으로 이전에 없던 개념을 세울 수 있는 역량이야말로 지금 시대가 요구하는 핵심이다.

하지만 교육 현장 어디에서도 이런 역량을 기르기 위한 수업은 찾아보기 어렵다. 상상하고 설계하는 일은 '특별한 사람만 하는 일'로 치부되고 대부분의 학생은 여전히 정해진 문제를 얼마나 빠르게, 정확하게 풀 수 있는지를 기준 삼아 평가받을 뿐이다.

깊게 생각하는 사람이 필요하다

학교 현실로 눈을 돌려보자. 고등학생들은 내신 시험을 준비하며 기출문제를 수백, 수천 개씩 기계처럼 푼다. 이는 마치 초등학생이 고등학교 입시를 대비하며 구구단 문제를 1,000개씩 푸는 것과 다를 바 없다. 물론 실제로 그렇게 공부하는 초등학생은 없을 것이다. 그런데 고등학생들은 대학에 가기 위해 그런 방식으로 공부한다. 구구단을 얼마나 빨리, 정확하게 푸는지를 기준으로 고등학생을 평가한다면 과연 그 평가가 의미가 있을까?

 몇 년 전 포항공대 입학 담당관이 마이폴학교의 한 설명회에서 이렇게 말했다. "우리는 수능으로 학생을 선발하지 않습니다. 짧은 시간에 많은 문제를 푸는 능력보다 한 문제를 하루 종일 고민할 수 있는 학생을 원하기 때문입니다." 이 말이 보여주는 것은 단순한 입시 정책이 아니다. 그것은 미래 사회가 사람에게 기대하는 역량이 근본적으로 달라졌다는 선언이었다.

더불어 서울대는 '정성적 평가, 학생 본질을 들여다보는 평가'를 강조하며 심층 인터뷰 전환 논의를 이어가고 있다. 카이스트 또한 주어진 주제를 장시간 스스로 탐구 발표하는 방식을 시도해 순발력보단 깊이 있는 질문 해결 역량을 측정하고자 한다.

실제로 오늘날 직업의 세계에서도 짧은 시간에 빠른 결정을 내리는 능력을 요하는 일은 점점 사라지고 있다. 한때 촉망받던 초단타 주식 트레이딩은 이제 대부분 인공지능이 대체하고 있고, 스포츠 경기 종료 직후 인터넷에 올라오는 속보 기사조차도 기자가 아닌 AI가 작성한다. 속도와 정확성은 기계가 더 잘할 수 있다. 이제 인간에게 요구되는 것은 빠르게 푸는 능력이 아니라 천천히 오래 생각하고 의미를 발견하는 능력이라 하겠다.

문제풀이 훈련은 반사작용을 강화하는 데는 효과적이다. 연산이나 유형 반복은 충분히 익숙해지면 소뇌의 자동 반응만으로도 해결할 수 있다. 그러나 그것은 산업화 시대, 누구보다 빠르게 똑같이 반복하는 노동이 필요했던 시대의 학습 방식이다. 지금은 다르다. 지금은 기계가 할 수 없는 일, 오직 인간만이 할 수 있는 일—경험을 축적하고, 본질을 꿰뚫고, 새로운 개념을 창조하는 일—이 중심이 되어야 할 때이다.

대학도 그 흐름을 외면할 수 없다. 저출산으로 인한 학령인구 급감은 수도권 밖 대학들의 존폐를 위협하고 있으며, 4차 산업혁명은 전통적인 학문의 경계를 허물고 있다. 이런 상황에서 과거의 획일적인 시험 점수만으로 학생을 선발하는 방식은 한계가 명확하다.

물론, 공정성 요구에 따라 수능 위주 전형이 일부 확대되기도 했지만 많은 대학이 학생부종합전형이나 특기자 전형 등 다면평가의 끈을 놓지 못하는 이유가 바로 여기에 있다. 근본적으로는 정답 찾기에만 익숙한 인재가 아닌, 스스로 문제를 정의하고 창의적으로 해결할 '성장 가능성'을 지닌 학생을 절박하게 찾고 있다는 증거다. 불확실한 미래 사회를 이끌어갈 인재를 가려내기 위한 대학의 고민은 더욱 깊어질 수밖에 없다.

앞으로의 시대, 인간이 할 수 있는 일은 점점 좁아질 것이다. 그 안에서 살아남는 사람은 단순히 문제를 잘 푸는 사람이 아니라 문제를 정의하고 개념을 설계하는 사람일 것이다. 그리고 그런 사람은 수천 개의 기출문제를 풀어서가 아니라 한 가지 문제를 깊이 들여다보며 '왜 이럴까?'를 묻는 과정에서 만들어진다. 교육은 바로 그 질문을 길러주는 일이 되어야 한다.

4

느린 아이가 더 멀리 간다

지금 우리 교육은 성적이라는 외형에 집착한 나머지, 배움의 본질을 잃었다. 아이들은 정답을 외우지만, 왜 배우는지는 묻지 않는다. 생각보다 속도가 우선이 되었고, 질문은 불필요한 것으로 취급된다. 이제는 껍데기를 벗겨내고, 진짜 교육의 자리로 돌아가야 한다. 여전히 의미가 와 닿지 않는다면 간단한 예시로 설명해 보고자 한다.

분수 나눗셈, 예를 들어 $\frac{2}{3} \div \frac{4}{5}$를 생각해보자. 대부분의 학생은 '나누는 분수의 역수를 취해 곱한다'는 절차를 외워서 아무런 어려움 없이 계산을 해낸다. 실제로 $\frac{2}{3} \times \frac{5}{4} = \frac{10}{12} = \frac{5}{6}$라는 정답을 빠르게 구해낸다. 그러나 왜 나눗셈을 곱셈으로 바꾸는지, 왜 역수를 취하는지에 대해 스스로 설명할 수 있는 학생은 매우 드물다.

이것이야말로 지금 한국 교육의 결정적인 문제임에 분명하다. 우리는 '빠르게 정답을 도출하는 기술'에만 초점을 맞춘 나머지, 그 기술이 왜 필요한지, 어떤 의미를 갖는지에 대해 가르치지 않는다. 의미보다 속도를 택했고, 과정보다 결과를 우선한다. 언제부터인가 '이걸 왜 배우는지'를 묻는 아이들은 곤란한 학생이었고, 정해진 틀을 따라 잘 따라오는 아이들을 '우등생'으로 만들고 인정했다.

결국, 생각을 멈춘 아이들만 양성되어 왔다. 처음에는 "왜?"를 물었던 아이들도, 점점 "어떻게 빨리 풀까?"만을 고민한다. 사고력보다는 순발력을, 탐구심보다는 반복 숙달을 요구하는 교육 현장에서 아이들의 뇌는 '정답 맞히기 기계'로 익숙해진다.

더 큰 문제는 이렇게 반복적인 훈련에도 불구하고 많은 학생들이 여전히 학업 성취에 어려움을 겪고 있다는 것이다. 예일대 및 플로리다 주립대 연구진의 '자기조절 학습self-regulated learning,' 연구(대한민국 6학년 학생 7,065명, 446개 학교 대상)에 따르면 단순히 공부 시간을 늘리는 것보다 목표 설정, 인지 전략, 정서 조절과 같은 자기조절 전략 사용이 학업 성취와 밀접한 상관이 있었다고 한다. 이는 학습 방식이 의미 기반이 아닌 기계적 반복에 치우쳐 있다는 방증이다.

이러한 시스템에서 소외된 아이들은 성적도 낮고 스스로에 대한 신뢰마저 잃어간다. 흥미도 없고 성취도 없는 교육은 그들을 끊임없이 '낙오자'로 몰아간다. 반대로 성적이 높은 아이들도 마찬가지다. 높은 점수를 위해 오랜 시간 훈련을 받았지만 정작 어떤 개념이 왜 중요한지를 묻는 질문 앞에서는 머뭇거릴 뿐이다.

즉, 성적이 좋든 나쁘든, 아이들이 '생각하지 않는 존재'로 길러지고 있다는 점에서 본질은 동일하다. 이는 단순히 학습의 문제가 아니라 사회 전체의 창의성과 비판적 사고를 잠식하는 구조적 위기라 할 수 있다.

최근 OECD는 교육 2030 프로젝트와 PISA 2025 개편을 통해 단순한 지식 습득을 넘어 문해력·비판적 사고력·협업 능력과 같은 복합적 역량을 미래 교육의 핵심으로 제시하고 있다. 특히 문해력은 단지 글을 읽는 능력이 아니라 정보를 이해하고 해석하고 판단하는 능력으로 확장되었으며, 이는 디지털 시대의 가장 중요한 생존력으로 꼽힌다.

우리 교육이 이대로 간다면 수많은 '성적 좋은 기능인'은 양산될지언정, 새로운 것을 창조하고 연결하는 인재는 나오기 어렵다. 이제는 교육이 다시 '왜'를 묻고 '의미'를 찾는 자리로 돌아와야 한다. 단순히 점수를 올리는 공부가 아닌, 질문하고 사고하고 연결하는 공부로 나아가지 않으면, 우리는 교육이 아닌 훈련을 하고 있는 셈이다.

질문을 허락하는 교실, 그 첫걸음

필자가 어린 시절 공부하면서 가장 이상했던 개념 중 하나는 '마이너스 곱하기 마이너스는 왜 플러스가 되는가'였다. 당시는 지금처럼 검색 한 번으로 해답을 찾을 수 있는 시대가 아니었기에 오직 선생님께 묻는 것이 유일한 방법이었다. 하지만 이 질문에 속 시원히 설명해 주는 선생님은 좀처럼 만나기 어려웠다. 대신 친구들과 어울려 종이 위에 수직선을 그려가며 이리저리 생각을 나누었던 기억이 난다. 이상하게도 그 시간이 무척 즐거웠다.

그런데 요즘은 공부를 잘하든 못하든 이런 질문을 던지는 아이들을 만나기가 쉽지 않다. 질문이 없어진 것이 아니라 질문할 여유와 분위기가 사라졌기 때문이다. 실제로 어떤 교사는 "질문하는 아이 때문에 진도가 늦어진다."고 토로하기도 한다. 질문은 수업의 흐름을 방해하는 요소가 되어버렸고, 호기심은 정답률을 떨어뜨리는 요인으로 취급받는다. 이건 명백히 어른들의 책임이다.

실제로 많은 위인 중 학습에 어려움을 겪었던 이들이 적지 않다. 대표적으로 토머스 에디슨은 "선생님의 말을 이해하지 못하는 바보"라는 평을 들었고, 레오나르도 다빈치는 역방향으로 글을 쓰는 습관이 있었던 것으로 보아 난독증 성향을 지닌 것으로 추정된다. 앤디 워홀, 스티븐 스필버그, 리처드 브랜슨도 난독증 진단을 받았던 인물들이다. 이들은 모두 '빠른 습득'보다는 '깊은 관찰'과 '다른 방식의 사고'로 세상을 바라봤다. 난독증이라는 진단명 너머에는 표준적인 인지 경로 대신 시각적·공간적 사고에 특화된 뇌의 보상 메커니즘이 작동하고 있었던 것이다.

수학에서 빠르게 정답을 맞히는 아이가 늘 실력이 좋은 건 아니다. 오히려 문제를 오래 붙잡고 고민하면서 스스로 구조를 이해하려는 학생이 나중에 더 깊은 실력을 쌓는다. 예를 들어, 어느 수학 수업에서 "하나의 정사각형 안에 최대한 많은 직사각형을 그릴 수 있는 경우의 수를 찾아보라."는 열린 탐구 문제가 제시되었다고 가정해 보자. 대부분의 학생은 손으로 빠르게 여러 도형을 그려보며 문제를 해결하려 하겠지만, 도형을 나누는 규칙을 스스로 세우고 그것을 기준으로 차근차근 가능한 경우를 세어가기 시작하는 학생이 분명 존재할 것이다. 과정은 느리지만 결국 다른 누구보다 더 정확하고 포괄적인 해결 방법을 찾아낼 수 있다는 것이다.

이는 우리가 너무 자주 간과하는 사실을 일깨워준다. 정답보다 중요한 건 '어떻게 생각하는가?'이며 속도보다 중요한 건 '무엇을 발견했는가?'이다. 아이들에게 시간을 제공하고, 질문을 허락하고, 탐색의 과정을 존중해 줄 때 진짜 실력이 자라난다.

결국, 이것은 '역경의 역설'이다. 즉각적인 성취를 이루지 못하는 아이가 오히려 더 깊게 생각하고, 더 천천히 바라보며, 그 안에서 남들이 보지 못한 구조를 발견해 내는 것이다. 우리 교육이 회복해야 할 바로 그 지점이다. 정답을 빨리 맞히는 훈련이 아닌, 질문을 오래 붙잡을 수 있는 용기, 그 힘을 키워주는 것이 진짜 교육이다. 지금 필요한 것은 더 많은 문제집이 아니라 더 깊이 있는 질문을 허락하는 교실이다.

PART II

1

AI 시대, 진짜 공부란 무엇인가

5 틀을 넘어 성장하기

"개인은 평균이 아니다. 평균이라는 허상은 우리 모두를 낙오자로 만든다."

— 토드 로즈, 《평균의 종말》

지금 우리가 익숙하게 받아들이고 있는 학교 교육 방식은 사실상 '평균'이라는 기준에 모든 아이를 끼워 맞추는 제도다. 아이마다 흥미도 다르고 이해 속도도 다르지만, 모두가 같은 시간에 같은 교실에서 같은 내용을 배워야 하고 똑같은 시험으로 성취를 평가받는다. 표준화된 교육은 공정해 보일 수 있지만 실은 각자의 고유한 가능성을 지우는 방식이다.

하버드 교육대학원에서 교육신경과학 연구를 주도한 토드 로즈 교수는 자신의 삶을 통해 이 구조의 문제를 생생히 증언한다. 그는 학창 시절 평균 0.9의 GPA를 받고 고등학교를 자퇴했다. 더불어 학습 장애와 ADHD로 낙오자 취급을 받았고, 공장에서 일하며 생계를 유지하던 그는 어느 날, 스스로 "다시 공부해 보자."라고 결심한 뒤 GED(고등학교 졸업 자격 시험)를 취득했다. 이후 웨버 주립대학교를 거쳐 하버드에서 석·박사 학위를 받고, 결국 교수로 임용되기에 이른다.

로즈는 《평균의 종말》에서 평균이라는 개념이 교육뿐 아니라 사회 전반을 잘못된 방향으로 이끈다고 지적한다. "개인은 평균이 아니다."라는 그의 선언은, 교육이 진정으로 개개인의 가능성을 믿고 설계되어야 한다는 근본적인 문제의식에서 출발한다. 그에 따르면 한 사람의 능력은 평평한 곡선이 아니라 고르지 않은 능력의 조합이라는 것이다. 그런데도 대부분의 학교는 '평균적인 아이'를 기준으로 교실과 시험을 설계하고 있다. 결국 이 제도는 어떤 아이에게도 완벽히 맞지 않는 옷을 입히는 셈이다.

그는 1950년대 미 전투기 조종석 설계 사례를 인용해 이 문제를 설명한다. 평균 신체 치수에 맞춰 설계했던 조종석이 실제로는 4,000여 명 중 어느 조종사에게도 맞지 않았고, 결국 모든 항공기를 조종사 맞춤형으로 다시 설계하게 된 사건이다. 교육 역시 마찬가지다. 평균에 맞추면 누구에게도 맞지 않는다. 로즈는 현재 보스턴에 기반을 둔 비영리 싱크탱크 '포퓰레이스Populace'를 설립해 미국 사회의 교육·정책·고용 시스템을 '개별화'의 관점으로 재설계하는 일에 몰두하고 있다.

이런 통찰은 교육 철학의 틀을 바꾸는 데 그치지 않는다. 세계적인 혁신가들―스티브 잡스, 빌 게이츠, 마크 저커버그―의 성장 배경을 들여다보면, 공교육 시스템 바깥에서 자율적으로 몰입할 수 있었던 환경이 지금의 그들을 만든 결정적 기반이 되었음을 알 수 있다. 이들은 교실에서 항상 모범생은 아니었고 종종 문제아 취급까지 받았지만, 모두가 어린 시절부터 뚜렷한 관심 분야에 푹 빠져 있었다.

저커버그는 아홉 살 때부터 프로그래밍을 배우기 시작했다. 그의 부모는 그가 컴퓨터에 몰두하는 모습을 억누르지 않았고, 중학생 시절엔 대학원 수준의 수업을 들을 수 있도록 배려했다. 게이츠의 아버지는 "하고 싶은 걸 하라."는 원칙을 갖고 있었다. 그가 사업을 시작한다고 했을 때도 자신의 직업인 변호사를 강요하지 않고 믿고 투자해 주었던 것이다. 잡스의 아버지라고 해서 다르지 않았다. 그는 손재주가 있던 아들에게 전자부품을 사주고 기술 박람회를 함께 다니며 관심을 북돋았다. 이들의 부모는 자녀가 학교 성적과는 다른 방식으로 빛날 수 있다는 사실을 일찍부터 믿고 있었던 것이다.

① **천재성을 일찍 깨워라**

페이스북 창업자 마크 저커버그의 가족은 그의 재능을 매우 일찍부터 포착하고 체계적으로 그를 키웠다. 아버지는 치과 의사, 어머니는 정신과 의사였으며 두 사람 모두 교육의 중요성과 자녀의 잠재력에 대해 깊은 신념을 가지고 있었다. 특히 아버지는 기술에 관심이 많아 아들이 아홉 살이 되었을 때 Atari BASIC 프로그래밍 언어를 직접 가르쳤다.

아들의 이해력과 응용력이 자신의 수준을 이미 뛰어넘는다는 사실을 깨달은 그는, 11세 때부터는 외부 전문가의 도움을 받기로 한다. 그렇게 채용된 가정교사는 당시 지역에서 활동하던 소프트웨어 개발자 데이비드 뉴먼이었다. 그는 저커버그를 가르치며 "이 아이는 내가 가르치는 수준을 금세 따라잡고, 오히려 스스로 문제를 해결해 나가는 재능을 가졌다."라고 회고했다.

고등학생이 된 저커버그는 이미 컴퓨터 언어를 자유자재로 다루며 당시 머시 컬리지 Mercy College 에서 대학원 수준의 강의를 청강했다. 교수는 처음엔 "아이를 데려오면 안 됩니다."라고 말했지만, 저커버그의 아버지는 웃으며 말했다. "아이가 아니라, 저 아이가 바로 학생입니다." 이 짧은 한마디는 자녀를 바라보는 그의 태도를 그대로 보여준다. 나이와 상관없이 자녀를 하나의 독립된 존재로 대하고, '어리니까 안 된다'는 편견을 뛰어넘은 것이다.

스티브 잡스의 성장기 역시 평범하지 않았다. 고등학교를 중퇴한 자동차 수리공이었던 양아버지 폴 잡스는 아들이 전자기기에 흥미를 보이자 주말마다 함께 중고 전자부품 가게를 찾곤 했다. 라디오나 전축을 분해하고 조립하는 데 필요한 작은 부품들을 고르고, 손에 기름 묻히는 수고도 마다하지 않으며 함께 작업했다. 그는 아들에게 "무언가를 만들 땐 겉뿐만 아니라 보이지 않는 속까지 정직하게 만들어야 한다."고 말하곤 했다. 어린 잡스는 그 과정을 통해 기계의 구조와 원리를 온몸으로 체득했고, 기술을 단순히 '사용하는 것'이 아니라 '만드는 것'으로 인식하게 되었다.

그의 열정은 점차 확장되었다. 어느 날, 휴렛팩커드의 데스크톱 컴퓨터를 처음 마주한 순간, 그는 마음속으로 결심했다고 한다. "나는 이걸 만들어야 해. 이건 내 인생이야." 그것은 단순한 감탄이 아니라 자신이 가야 할 길을 스스로 선택하는 선언에 가까웠다. 그 순간은 훗날 세상을 바꾸게 될 한 창업자의 원형질이었고, 기술을 통해 사람들의 삶을 바꾸고자 했던 한 인간의 출발점이었다.

② **최상의 교육 환경을 만든다**

빌 게이츠는 시애틀의 중산층 가정에서 자랐다. 외할아버지는 지역 은행의 임원이었고, 아버지는 저명한 변호사였으며, 어머니는 활발한 지역사회 활동가이자 교육 운동가였다. 그처럼 풍요롭고 문화적인 환경은 어린 게이츠에게 두 가지를 안겨주었다. 하나는 지적인 호기심, 다른 하나는 그 호기심을 끝까지 추구할 수 있는 자원이었다.

 게이츠는 일곱 살 무렵, 집에 있던 백과사전을 통째로 외워 부모를 놀라게 했다. 부모는 그가 가진 호기심의 깊이를 단순히 '똑똑함'으로 치부하지 않고, 그것이 자라날 수 있는 환경을 만들어주기로 결심한다. 그렇게 선택된 것이 레이크사이드 스쿨Lakeside School이었다. 이 학교는 이미 1960년대 말부터 학부모 주도로 컴퓨터 단말기를 도입한 미국 내 몇 안 되는 중등 교육기관 중 하나였다.

 당시 컴퓨터란 것이 곧 '방 하나 크기의 기계'였던 시절, 게이츠는 교실보다는 전산실에서 보내는 시간이 더 많았다고 한다. 다른 학생들이 스포츠나 음악 활동에 참여할 때 그는 점점 더 컴퓨터와 친해졌고 결국 학교에서 허용된 시간을 넘어 서버를 '해킹'해 사용 시간을 연장하는 방법까지 스스로 찾아낼 정도였다. 그에게 학교는 단지 '교과과정'이 아니라 상상력을 실험할 수 있는 열린 실험장이었던 셈이다.

저커버그 역시 창의적인 교육 환경 속에서 자랐다. 그는 필립스 엑시터 아카데미Phillips Exeter Academy라는 미국 북동부의 기숙학교에 입학했는데 이 학교는 하버드와 예일, 프린스턴 등 아이비리그 진학률이 높기로 유명한 곳이다. 그러나 단순한 학업 성취뿐 아니라 고대 그리스어와 라틴어, 프랑스어 등을 익히며 인문학적 토대를 단단히 다졌다.

놀라운 건 저커버그가 이공계형 천재가 아니라 '코딩하는 인문학자'였다는 점이다. 그는 대학 시절 호메로스의 《일리아드》를 자주 인용하고, 고대 철학자들의 문장을 즐겨 언급했으며, "코딩은 철학과 윤리학의 연장선에 있다."라고 말하곤 했다. 그의 사고방식은 철저히 융합적이었다. 그리고 그 바탕에는 인문학과 기술이 공존하는 균형 잡힌 교육 환경이 있었다.

③ 내 아들을 믿는다

성공한 창업자들의 부모가 모두 교육학자나 전문가였던 것은 아니다. 하지만 그들은 자녀를 믿고 그들의 선택을 존중했다는 점에서 놀랍도록 일관된 태도를 보인다.

빌 게이츠의 부모는 아들이 하버드대학교를 자퇴하고 '들어보지도 못한 소프트웨어 회사를 만들겠다'고 했을 때 한마디 반대도 하지 않았다. 오히려 사업자금을 직접 지원하며 "네가 옳다고 믿는 일을 하라."고 말했다. 저커버그 역시 하버드 중퇴 후 페이스북 창업을 선언했을 때 부모는 흔들림 없이 그의 선택을 지지했고 재정적으로도 도왔다.

이러한 신뢰는 단순히 '내버려둔다'는 것이 아니다. 이는 "나는 너를 믿는다. 너는 실패할 수도 있지만, 그 실패조차 네 삶의 일부가 될 자격이 있다."라는 태도다. 자녀가 자신의 삶을 주도적으로 살아가도록 믿고 기다려주는 것, 그것이 이들의 공통된 자녀교육 철학이었다.

스티브 잡스가 어린 시절 학교에서 말썽을 부려 교사가 부모를 불렀을 때도 그의 양아버지는 오히려 학교에 따져 물었다. "아이의 흥미를 살리지 못한 교육이 문제지, 아이가 잘못한 것이 아니다." 그는 아들을 조건 없이 받아들이고 신뢰했던 것이다. 그리고 그 믿음은 결국 세상을 완전히 뒤바꾸는 에너지가 되었다.

④ 자녀에게 모범을 보인다

가장 강력한 교육은 말이 아니라 삶으로 보여주는 것이다. 잡스의 양아버지는 집에서 울타리를 세울 때 아들과 함께 망치를 들고 못을 박으며 이렇게 말하곤 했다. "보이지 않는 뒷면도 앞면만큼 정성스럽게 만들어야 한다. 누가 보든 안 보든, 너는 스스로 알고 있으니까." 이 가르침은 훗날 스티브 잡스가 애플 제품의 내부 설계와 사용자 경험에 이르기까지 극단적인 완성도를 추구하게 된 철학적 토대가 되었다.

저커버그는 부모와의 대화를 떠올리며 이렇게 말했다. "질문을 하면 단순한 대답을 하지 않았다. 항상 근거와 논리, 경험을 덧붙여 설명해 줬다. 대화를 통해 스스로 생각하는 법을 배웠다." 이는 자녀가 감정적으로든 지적으로든 의지할 수 있는 '롤모델'이 집 안에 있었음을 의미한다.

결국 부모는 아이에게 '먼저 살아본 어른'으로서의 기준을 보여주는 존재다. 단순히 똑똑한 말을 하거나 멋진 성취를 보여주는 것이 아니라 삶을 대하는 태도로 아이에게 영향을 미친다. 잡스의 완벽주의, 저커버그의 논리력, 게이츠의 집중력, 그 시작은 가정이라는 가장 작은 학교에서 길러진 것이었다.

▍몰입은 환경이 만든다

오늘날 많은 부모들이 가장 깊이 고민하는 주제 중 하나는 아이들의 디지털 기기 사용이다. 스마트폰과 태블릿은 부모에게는 자녀를 걱정하게 만드는 대상이지만, 아이들에게는 놀이이자 탐색의 공간이기도 하다. 그렇지만 이러한 기기들은 동시에 아이들의 주의력을 산만하게 만들고 현실 세계에서의 관계 형성과 감정 조절 능력을 약화시킬 위험을 안고 있다.

마이폴학교는 이 문제에 대해 단호하고 분명한 입장을 취한다. 스마트폰과 태블릿을 비롯한 대부분의 전자기기 사용을 원칙적으로 금지하며 기술 사용의 자유보다는 기술로부터 자유로운 몰입 환경을 중요시하는 것이다. 단순히 기기를 금지하는 통제적 조치가 아니라 오히려 진정한 자율성과 몰입이 가능하도록 환경을 구조화하는 선택이다.

아이들은 무언가에 깊이 빠져들기 위해 외부의 자극보다

내면의 동기가 필요하다. 마이폴학교는 그런 내면의 동기를 일깨우는 데 집중한다. 전자기기가 없는 교실에서 아이들은 직접 실험하고, 손으로 만들며, 또래와 얼굴을 맞대고 토론한다. 현실과의 직접적 접촉이 많아질수록 아이들은 점차 외부 자극 없이도 자신만의 속도로 사유하고 창작하는 힘을 기르게 된다. 이는 '자기결정 이론Self Determination Theory'이 제시하는 세 가지 요소―자율성, 유능감, 관계성―를 충족시키는 방식이기도 하다.

몰입은 주어지는 것이 아니라 환경이 만들어내는 것이다. 집중할 수 있는 환경에서, 신뢰와 존중이 깔린 관계 안에서 아이는 스스로 동기를 찾고 책임지는 법을 배운다. 마이폴학교의 이러한 방식은 교육이 통제의 기술이 아니라 관계의 기술임을 분명히 보여준다. 아이가 자신의 관심사를 탐색하고, 거기서 의미를 발견하며, 타인과 협력하는 과정을 통해 스스로 삶을 꾸려가는 시민으로 자라날 수 있도록 돕는 것―그것이 마이폴학교가 생각하는 교육의 본질이다.

공교육이든 가정교육이든 결국 우리가 마주해야 할 질문

은 동일하다. "아이에게 맞춘 교육을 하고 있는가, 아니면 교육에 아이를 끼워 맞추고 있는가?" 대한민국에서도, 그 변화의 씨앗은 이미 싹트고 있다.

'평균'을 기준으로 하는 교육이 놓치고 있는 것들

- ✓ 평균은 실제로 존재하지 않는다. 개별 학생의 능력은 '들쭉날쭉jagged' 하다.
- ✓ 조종사들의 평균에 맞춰 설계한 조종석은 실제로 누구에게도 맞지 않다. 교육도 마찬가지다.
- ✓ '비표준 경로nonlinear pathway'는 실패가 아닌 또 다른 성장의 흐름이다.
- ✓ 자율성·유능감·관계성이 충족되어야 몰입할 수 있다.
- ✓ 틀 밖에서의 경험과 환경이 아이의 미래를 결정짓는 경우도 많다.

부모를 위한 점검 리스트

☐ 내 아이를 전적으로 신뢰하고 있는가?

☐ 아이의 선택을 조건 없이 존중해본 적이 있는가?

☐ 혼자서 해보게 기다려본 적이 있는가?

☐ 실수했을 때 비난보다 질문으로 반응했는가?

☐ 아이와 협력하여 목표를 정한 적이 있는가?

☐ 오늘, 아이에게 진심 어린 친절을 베풀었는가?

하루 5분, 내 아이를 '틀 안'이 아닌 '틀 밖'에서 바라보는 연습부터 시작하자.

6 배운다는 것은 무엇이어야 하는가

"한국에서 가장 이해하기 힘든 것은 교육이 정반대로 가고 있다는 것이다. 한국 학생들은 하루 10시간 이상을 학교와 학원에서 자신들이 살아갈 미래에 필요하지 않은 지식을 배우기 위해, 그리고 존재하지도 않는 직업을 위해 아까운 시간을 허비하고 있다. 아침 일찍 시작해 밤늦게 끝나는 지금 한국의 교육 제도는 산업화 시대의 인력을 만들어내기 위한 것이다."

2007년, 《제3의 물결》의 저자이자 미래학자 앨빈 토플러는 한 언론과의 인터뷰에서 이렇게 말했다. 이 발언은 대한민국 교육의 구조적 문제를 지적한 가장 직설적이고 상징적인 언급으로 남아 있다. 그는 산업화 시대의 교육이 여전히 유지되고 있으며, 그 결과 학생들은 과거의 기준에 얽매인 지식을 배우느라 정작 자신의 미래를 준비하지 못한다고 비판했다.

약 20년이 훌쩍 지난 지금, 우리는 과연 이 구조로부터 벗어났을까? 현실은 오히려 역행하고 있다는 분석도 있다. 선행학습을 금지하겠다는 명분으로 2014년 제정된 '공교육 정상화 촉진 및 선행교육 규제에 관한 특별법' 이후에도 조기 선행교육이 더욱 음성적으로 확산되었다. 2018년 컴퓨팅 사고력 증진과 창의적 문제 해결 역량 강화, 기술 변화에 대응하는 기초 디지털 리터러시 교육을 표방하며 코딩 교육이 의무화되었고 버락 오바마 전 미국 대통령과 빌 게이츠의 코딩 교육 중요성 메시지까지 널리 언급되기도 했다. 하지만 현실은 국·영·수 중심 교육에 기술 과목이 하나 더 추가된 모양새다. 이는 교과 과목의 수직적 확장일 뿐 진정한 의미의 미래 교육이라 보기 어렵다.

교육이란 무엇을 배워야 하느냐를 결정하기 이전에, 왜 배우는가를 먼저 물어야 한다. 조기교육에 대한 논의는 특히 이

점에서 더 예민하게 다뤄져야 한다. 단순히 빠르게 시작한다고 해서 더 좋은 결과가 보장되는 것이 아니기 때문이다. 이와 관련해 2000년 노벨경제학상을 수상한 제임스 헤크먼 교수의 연구는 주목할 만하다. 그는 경제적 관점에서 교육의 투자수익률return on investment, ROI을 분석했는데, 그 결과 인지 교육이 본격화되는 초등학교 이후보다 만 0세부터 5세까지의 비인지적 교육—즉 사회성, 자제력, 감정 조절, 호기심 등의 형성 시기에 이루어지는 교육의 효과가 장기적으로 훨씬 크다는 사실을 밝혀냈다.

그림 1 | 연령별 인간 자본에 대한 투자 수익률

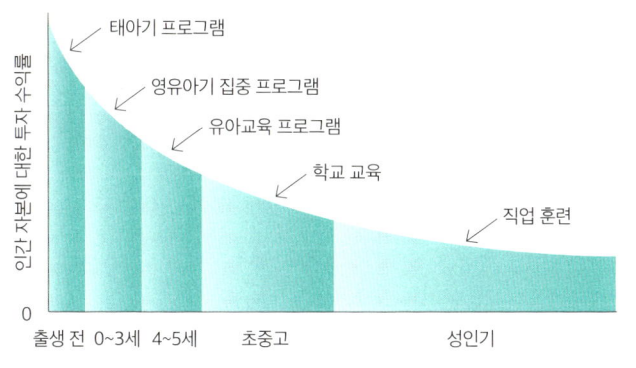

출처: James J. Heckman, "The Productivity Argument for Investing in Young Children", 2006.

이는 부모와 교사가 인지 중심의 교과 지식에만 몰입하기보다 아주 어린 시기부터 인간으로서의 기초 역량을 형성할 수 있도록 돕는 것이 더 중요하다는 것을 시사한다. 예컨대 '주산 열풍'처럼 한때 유행했던 조기교육도 시간이 지나면서 사라졌고 중등교육에서 배운 고전기하학 역시 대학에서 더 이상 필수 과목이 아니다. 지금은 중요한 것처럼 여겨지는 수많은 지식이 아이들이 성인이 되었을 때는 무용지물이 될 가능성이 높다. 그러므로 무엇을 가르칠지보다 어떻게 배우고, 어떻게 생각할지를 기르는 교육이 절실하다.

교육의 목적은 '지식을 넘는 존재 만들기'

이러한 교육 철학을 가장 일찍 실천에 옮긴 인물 중 하나가 독일의 교육자 칼 비테다. 그는 19세기 초, 미숙아로 태어난 아들 칼 비테 주니어를 단순히 '영재'로 키우는 것을 넘어 인격적으로도 성숙한 인간으로 키우기 위해 교육의 본질에 천착했다. 아들은 10세에 대학에 입학하고 13세에 박사학위를 받았으며 평생 정신적으로 건강한 삶을 살았다. 칼 비테는 교육이 지식 전달이나 시험 대비의 수단이 되어서는 안 되며 인간을 전인적으로 성장시키는 과정이어야 한다고 강조했다.

그가 말한 교육의 목적은 세 가지다. 첫째는 '자격qualification'이다. 이는 사회적 역할을 수행하는 데 필요한 지식과 기술을 습득하는 것을 뜻한다. 둘째는 '사회화socialization'다. 사회 구성원으로서의 규범과 가치, 문화를 내면화하는 과정이다. 그리고 셋째, 그가 가장 중요하게 여긴 것은 '주체화subjectification'다. 즉 학습자가 자신의 삶을 스스로 선택하고 책임질 수 있는 독립적 존재로 성장하는 것이다. 네덜란드 출신의 세계적인 현대 교육학자인 게르트 비에스타Gert Biesta는 이 세 요소를 교육의 삼각 축으로 정리한 바 있으며, 비테의 실천 철학과도 놀라울 만큼 일치한다.

오늘날 한국 교육은 자격과 사회화에는 익숙하다. 우리는 시험을 잘 치르는 법, 규범에 따르는 법, 질서에 순응하는 법을 배운다. 하지만 주체화는 여전히 교육 목표에서 배제되어 있다. 학생들은 질문을 던지기보다 정답을 외우고, 교사들은 아이가 왜 그걸 배워야 하는지를 충분히 고민할 여유조차 없다. 그 결과 교육은 '사람을 만드는 것'이 아니라 '문제를 푸는 사람'을 만들어내는 기계가 되었다.

이러한 구조를 정면에서 해체하고, 새로운 교육의 길을 모색하는 사례가 바로 충북 괴산의 마이폴학교다. 이 학교는 교과서 중심의 수업을 넘어서 학생이 스스로 질문하고 탐구하며 표현하는 프로젝트 기반 학습을 실천하고 있다. 무학년제, 도제식 수업, 세미나 방식의 심화 탐구는 학생 한 사람 한 사람의 주체적 성장을 돕는 데 집중하고 있다. 특히 문해력과 창의력을 기반으로 한 저널 프로젝트, MOOC 기반 융합학습, 박사 교사제와 대학원 수준의 세미나 참여 등은 기존 학교에서 보기 어려운 독창적인 시도들이다.

여기서 교사는 단순한 지식 전달자가 아니라, 함께 길을 걷는 동행자이자 설계자다. 칼 비테가 교사를 '예술가artisan'로 비유한 이유가 여기에 있다. 그는 교사가 학생의 기질과 가능성을 세심히 관찰하고, 관계 속에서 의미 있는 배움의 과정을 창조하는 존재여야 한다고 강조했다.

진짜 교육이란 지식을 넘어서 존재를 만드는 일이다. 칼 비테는 이렇게 말했다. "교육은 사람을 만드는 일이다. 그런

데 그 사람이 되어간다는 것은 결국 스스로를 묻는 데서 시작한다."

이제 우리는 다시 묻고, 다시 시작해야 한다. 아이들에게, 배운다는 것은 무엇이어야 하는가? 그리고 우리는 어떤 사람을 길러낼 것인가?

7 비인지적 역량과 인성교육

한 명의 아이가 세상을 살아가는 데 가장 먼저 갖추어야 할 요소는 무엇일까? 언어 능력? 수학 실력? 교육 심리학과 신경 발달학이 지속적으로 강조하는 부분은 따로 있다. 바로 비인지적non-cognitive 능력, 즉 자제력, 감정 조절, 공감 능력, 기초적인 예절, 신체 건강, 집중력, 그리고 자신을 표현하는 언어적 감각 같은 정서적·사회적 역량이다.

세계적인 심리학자 대니얼 골먼은 《EQ 감성지능》에서 이와 같은 능력을 통칭해 '감성지능Emotional Intelligence, EQ'이라 불렀다. 그는 "우리를 인간답게 만드는 능력, 즉 자기 인식, 자기 조절, 동기 부여, 공감, 그리고 사회적 기술이야말로 인생의 성패를 좌우한다."라고 강조한다. 실제로 전문성과 기술적 역량보다 감성지능이 인생의 성패에 더 큰 영향을 미친다는 사실을 강력히 뒷받침했다. 오늘날의 교육이 이 감성지능을 뒷전으로 밀어두는 순간, 아이들은 시험 성적은 높을지 몰라도 삶을 온전히 살아내는 힘을 잃게 된다.

이와 같은 관점은 국제 교육 정책에도 반영되고 있다. OECD는 〈학습 나침반 2030〉Learning Compass 2030을 통해 미래의 학습자는 자율성, 공감, 회복탄력성과 같은 전인적 역량을 갖춰야 한다고 강조한다. 즉 지식 암기보다 중요한 것은 지식을 어떤 태도로 다루고, 타인과 어떤 방식으로 연결되며, 자신의 감정을 어떻게 인식하고 조절하느냐는 것이다. 이러한 변화는 단순히 교육 내용을 바꾸는 차원을 넘어 사람을 어떻게 길러낼 것인가에 대한 근본적인 질문과 닿아 있다.

칼 비테는 이러한 '비인지적 능력'의 중요성을 일찍이 인식했다. 그는 아들 칼 비테 주니어를 양육하며 지적 훈련보다도 인간으로서의 품성과 기초 태도, 그리고 자주성과 호기심을 더 중시했다. 결과적으로 그의 아들은 아홉 살에 라이프치히

대학에 입학했고 13세에 박사 학위를 받으면서 천재적 학습 역량을 보여주었다. 그러나 칼 비테는 이 결과를 자랑하지 않았다. 그는 자녀의 행복하고 건강한 삶이 그 무엇보다 중요하다고 강조했다. '교육은 인간을 인간답게 만드는 일'이라는 그의 철학은 오늘날에도 유효한 질문을 던진다. 우리는 무엇을 아이에게 먼저 가르쳐야 하는가?

하지만 지금의 교육 현실은 여전히 지적 능력만을 중심에 둔다. 상위권 성적이면 인성적 결함조차 용인되는 분위기, 문제 행동조차 "공부만 잘하면 괜찮다."라는 식으로 정당화하는 문화. 동아일보와 마인드힐링연구소가 생애 처음 경찰서를 찾은 168명을 조사한 결과, 그들의 부모들이 오직 성공만을 지향하거나 사회 불만이 가득한 잘못된 언행들로 학업성취도도 좋고 친구와 관계도 좋았던 학생들을 일시에 절도, 폭력, 자살, 게임중독 같은 심각한 문제들의 당사자로 내몰고 있었다. 전문가들은 이 원인을 '성공 지향의 부모 언행'과 '공동체 가치 부재'에서 찾고 있다.

이러한 현상은 단지 가정의 문제에 그치지 않는다. 학교 교육 역시 여전히 성적 중심의 구조에 갇혀 있다. '인성 교육'

은 교과 교육을 보완하는 부차적 활동 정도로 간주되는 경우가 많으며 교사들 또한 성적 관리와 입시 준비에 더 많은 시간과 에너지를 쏟고 있는 것이 현실이다.

2023년 교육부와 교육청이 발표한 인성 교육 실태조사에 따르면, 다수의 교사들이 '시간 부족'과 '정규 교과의 우선순위' 때문에 인성 교육을 충분히 수행하지 못하고 있다고 답했

표 1 | 자녀의 일탈 행동을 키운 부모의 행동

부모의 행동	자녀의 반응	실제 사례
"저런 인간은 죽여야 돼", "쓸모없는 인간" 등 TV 프로그램이나 이웃을 보고 쉽게 분노를 느끼고 욕을 한다.	분노조절장애 유발, 순간적 분노를 제어하지 못하고 우발적 폭력성을 보임.	같은 반 친구의 웃는 모습이 싫다고 뾰족한 필기도구를 던지고 무자비하게 폭행.
"짜증 난다", "살기 싫다" 등을 외치며 인생을 비관한다.	우울·불안장애로 자살 또는 가출 시도, 상황의 심각성을 과장하거나 착각하는 사고 습관을 가짐.	부모의 '살기 싫다'는 말이 듣기 싫어 자살 시도.
"밥은", "학원은" 등 질문 외에 대화를 하지 않는다.	외로움을 게임, 음주 등으로 달램.	고민과 관심사를 털어놓는 채팅형 온라인 게임과 소셜 네트워크서비스(SNS)에 매달림.
"공부 못하면 용돈 없다"며 협박하고 수시로 방문을 잠그고 못 나가게 한다.	정당한 방법으로 물건을 산다는 사고를 하지 못해 절도를 하거나 경쟁자를 향한 복수심을 키움.	성적이 떨어지자 외출이 자유롭지 못할 것이 두려워 절도 시도.

자료: 마인드힐링연구소(경기도 한 경찰서 입건 청소년 168명 면담 결과)

다. 실제로 한국교육개발원KEDI이 발표한 자료에서도 학부모와 교사 모두 '인성과 감성'보다 '성적과 학력'이 학교의 주요 책무라고 인식하는 경향이 확인되었다.

   이는 교육의 균형추가 학문 중심으로 기울어져 있다는 방증이다. 학교가 더 이상 아이의 태도와 정체성을 형성하는 공간으로서 주체적인 역할을 다하지 못한다면, 그 결과는 결국 공감 능력과 공동체 의식의 약화로 이어질 수밖에 없다. 교육의 목적이 '삶을 위한 준비'라면 우리는 지금 그 방향을 되묻고 조정할 시점에 와 있다.

마이폴학교가 보여준 인성교육의 미래

이 지점에서 괴산의 마이폴학교는 기존 학교들과는 다른 교육의 방향을 제시한다. 이 학교는 학문 이전에 '삶의 태도'와 '자기표현의 힘'을 기르는 교육을 강조한다. 마이폴학교는 시험과 경쟁이 없는 배움, 학생의 감정과 관심사를 존중하는 수업, 그리고 학생 스스로 질문하고 탐구하는 자기주도적 프로젝트 중심 학습을 지향한다.

특히 저학년을 대상으로 한 수업에서는 학생들의 감정과 관계 인식을 돕는 활동이 자주 이뤄진다. 예를 들어, 프로젝트 수업 중 학생들은 자신의 감정을 글이나 그림으로 표현하거나 다른 친구의 감정을 관찰하고 언어로 정리하는 활동을 수행하며, 이는 수업 평가에 간접적으로 반영된다. 성적 중심 평가 대신 과정 중심 평가를 지향하며 협력과 소통, 책임감 등의 요소를 교육 과정에 녹여낸다.

또한 마이폴학교는 정해진 교과 과정보다 학생의 경험과 관찰을 중요하게 여긴다. 교사들은 수업과 생활 속에서 학생의 태도, 질문 성향, 협력 방식을 개별적으로 관찰하며 피드백을 제공한다. 이 과정은 단순한 '인성 지도'가 아니라 학생 개개인이 어떤 태도와 정체성으로 삶을 살아가는지를 함께 탐색하는 시도라 할 수 있다. 갈등 상황에서는 문제의 원인을 찾고 공동체 안에서 해결하도록 돕는 교사 중심의 중재와 대화가 이뤄지며 이러한 실천은 학생들이 삶의 문제를 성찰하고 공동체 안에서 다시 성장할 수 있는 기회로 삼는 데 도움을 준다.

마이폴학교에서 진행된 한 프로젝트 수업에서 감정 표현에 서툴고 친구들과 자주 갈등을 겪던 중학생 한 명이 의미 있는 변화를 경험했다. 학교는 그에게 매일 감정을 글로 기록하는 '감정 일기'를 제안했다. 처음엔 낯설고 거부감도 있었지만 자신의 하루를 돌아보고 어떤 상황에서 어떤 감정을 느꼈는지를 꾸준히 적으며, 그는 감정을 언어로 인식하고 정리하는 법을 배워갔다.

이 과정은 단순한 자기표현 훈련이 아니었다. 감정 일기를 통해 학생은 자신의 자동 반응을 인식하고 교사와의 피드백 대화를 통해 표현 방식을 조정해 나가기 시작했다. 점차 친구들과의 충돌이 줄고 수업 태도도 진지해졌다. 결국 학급 프로젝트에서 협력과 조율을 이끄는 역할을 자발적으로 맡으며 공동체 안에서의 자리를 다시 만들어갔다. 마이폴학교는 이 변화 과정을 '내면 역량의 성장'이라 정의하며 학습 기록에 정성적으로 반영하고 있다.

이 사례는 단지 개인의 일화를 넘어 SEL_{Social Emotional Learning}(사회·정서 학습)의 교육적 효과를 상징적으로 보여준다. 실제로 미국 컬럼비아대학교 산하 연구팀은 2015년, 27만 명

이상의 학생 데이터를 분석한 메타연구를 통해 SEL 교육을 받은 학생들이 감정 조절력, 협업 능력, 학업성취도에서 유의미한 향상을 보였으며 고등학교 졸업 이후에도 더 낮은 범죄율, 더 나은 고용 안정성, 높은 사회적 관계 만족도를 유지한다고 발표했다. 특히 SEL 프로그램은 1달러당 약 11달러의 사회적 투자 효과를 낸다는 점에서 단지 '착한 아이 만들기' 교육이 아니라 삶 전체에 긍정적인 영향을 미치는 전략적 교육 접근임이 입증되었다.

비슷한 철학은 일본 교육 사례에서도 확인된다. 아키타현 교육청은 학생 전원을 대상으로 기본 인사 습관과 예절 훈련을 강화하는 정책을 시행했고, 그 결과 전국 학력평가에서 3년 연속 최상위권을 기록했다. 이는 '바른 삶의 태도'가 곧 '깊이 있는 학습'으로 연결될 수 있다는 가능성을 제도적으로 증명한 사례다.

결국 인성은 더 이상 따로 떼어 교육할 수 있는 보조 가치가 아니다. 그것은 학습 동기, 관계 맺기, 문제 해결, 나아가 자아실현에 이르는 모든 교육의 바탕이자 뿌리다. 지금 우리에게 필요한 교육은 '무엇을 얼마나 아는가'보다 '어떻게 나를 인식하고 살아갈 것인가'를 함께 묻는 교육이다. SEL은 그 물음을 실천하는 하나의 구체적 방법이며 마이폴학교의 교실에서 그 변화는 이미 시작되고 있다.

8 세상에서 가장 큰 즐거움을 찾아서

대한민국 충북 괴산, 산과 들이 어우러진 이 고요한 시골 마을에 특별한 학교가 있다. 이름하여 마이폴학교My Paul School. 2014년 '폴수학학교'라는 이름으로 처음 세상에 발을 디딘 이 실험적인 학교는, 개교 초기부터 한국 교육계에 적지 않은 반향을 일으켰다. 입시 경쟁도, 성적 서열도, 교과서 중심 수업도 없이 아이들을 진짜 공부에 몰입시키겠다는 선언은 무모한 이상주의처럼 들렸다. 그러나 이제 마이폴학교는 이상이 아니라 현실의 새로운 가능성을 입증하는 중이다.

 필자는 중고등학교 시절, 시골 마을의 논두렁길을 홀로 걷던 기억을 자주 떠올린다. 누가 시켜서가 아니라 그저 재미있어서 풀었던 수학 퍼즐, 아무도 가르쳐주지 않았지만 흥미에 이끌려 몰입했던 프로이드와 융의 심리학, 그리고 배우지 않은 개념들을 감각적으로 조합해 만들어낸 편미분 공식과 공간도형의 곡률. 그것은 시험을 위한 공부가 아니었다. 순수한 지적 유희, 세상을 이해하려는 열망, 내 안의 세계를 탐험하는 기쁨이었다.

    그러나 그런 몰입의 순간은 늘 제지당했다. 학교 선생님들은 "그런 건 대학 가서나 해."라며 현실의 틀로 필자를 불러냈고, 결국 입시 성적 기준으로 분류할 뿐이었다. 스스로 찾고 깨달은 배움의 즐거움은 제도 속에서 인정받지 못했다. 그렇지만 그 좌절과 단절의 경험은 오히려 씨앗이 되어 언젠가는 자신과 같은 아이들에게 다른 길을 열어주고 싶다는 다짐으로 이어졌다. 바로 그 다짐이 폴수학학교, 그리고 마이폴학교의 시작이 되었던 것이다.

    "당시 제게 공부는 세상에서 가장 큰 즐거움이었습니다. 시험이 없었다면 더 깊이, 더 멀리 나아갈 수 있었을 것입니다."

이름만 바뀐 것이 아니다

필자는 아버지가 설립했던 대학의 정신을 이어받아 기존의 교육 제도를 정면으로 거스르는 실험을 시작했다. 시험 없이, 서열 없이 아이들이 각자의 속도와 관심에 따라 몰입할 수 있는 환경. 그리고 그 배움이 삶과 연결될 수 있도록 설계된 교육. 그것이 폴수학학교의 시작이었다. 그리고 이 정신은 지금의 마이폴학교로 이어지고 있다.

2014년부터 다년간의 실험과 노력을 통해 폴수학학교는 하나의 개별 사례를 넘어선 새로운 교육 모델로 성장했다. 이어서 2022년, '마이폴학교'로 새롭게 탄생하며 보다 종합적인 대안교육의 방향으로 나아갔다. '폴'은 수학자 폴 에어디쉬와 사도바울의 이름에서 유래한 중의적인 표현이다. 마이My는 개별교육 과정을 의미한다.

마이폴학교는 최신 뇌과학, 교육심리, 몰입 이론, 수학교육, 코칭 이론을 융합하여 다음과 같은 여섯 가지 핵심 교육 철학을 실천하고 있다.

① 아이들은 스스로 학습할 수 있다

마이폴학교는 모든 아이가 학습의 본능과 내재된 호기심을 지니고 태어난다고 믿는다. 교사는 지식을 주입하는 존재가 아니라 학생이 자신의 질문을 발견하고 그 탐구 여정을 스스로 설계할 수 있도록 옆에서 조력하는 촉진자다.

② 시험과 서열을 폐지한다

표준화된 시험과 성적 중심의 서열화를 없애고, 대신 자기평가, 동료 피드백, 개별 포트폴리오를 통해 학습의 깊이와 과정을 중시한다. 학생은 배운 내용을 단순히 암기하는 것이 아니라, 그것을 삶과 연결하는 자기만의 언어로 재구성하는 능력을 기른다.

③ 무학년제 프로젝트 중심 교육으로 나아간다

학년 구분 없이 학생 각자의 수준과 관심사에 따라 유연하게 개별화된 학습 경로를 설정한다. 중학생이 대학 수준, 혹은 대학원 수준의 연구 프로젝트에 도전할 수 있는 구조를 갖추고 있으며, 실제로 다수의 학생이 해외 성인 학술대회에서 영어로 논문을 발표하고 교류하는 성과를 거두었다.

④ 사회성과 인성을 동시에 기른다

공동체 속에서 협력하고 갈등을 조율하는 능력을 핵심 역량으로 본다. 응급구조훈련, 악기 연주, 감사편지, 뉴스 리터러시, 학생 자치회 활동 등을 통해 공감력과 책임감을 겸비한 시민으로 성장하도록 돕는다.

⑤ 융합형 사고와 창의적 문제 해결 역량을 키운다

수학과 과학, 예술과 코딩, 인문학과 디자인 등 이질적인 영역을 융합한 프로젝트 수업을 통해, 학생들은 새로운 관점에서 문제를 정의하고 창의적으로 해결하는 능력을 기른다. 키네틱 아트, AI 모델링, 지속가능한 농업 모델 설계 등이 대표적 사례다.

⑥ 배움의 결과를 삶과 사회로 확장한다

마이폴학교의 학습은 학교 울타리를 넘는다. 해외 대학과의 원격 세미나, 사회적 기업과의 공동 프로젝트 등은 학생이 배운 지식과 태도를 실제 사회에 적용하는 장으로 기능한다. 이를 통해 '공부란 나와 세상을 연결하는 힘'이라는 교육철학을 실현한다.

폴수학학교 시절, 교사들은 학생들에게 도전적인 실험을 제안하곤 했다. 그 중 하나는 '소마큐브 게임'이었다. 7개의 정육면체 조각을 주고, 실제 조작 없이 머릿속으로만 입체 구조를 조합하는 훈련이었다. 그림만 보고 상상하고 조립해야 하는 이 훈련은 전두엽을 활성화시키는 데 탁월했다. 놀랍게도 참가한 학생 전원이 이 과제를 통과했고, 심지어 그 중 한 명은 자신의 연구를 수학적 논문으로 발전시켜 국제학회에 발표까지 했다.

또한, 영어를 유창하게 하지 못하던 학생이 수백 시간 동안 전공 원서를 번역하고, 해외 학술대회에서 자신의 논문을 영어로 발표해 최우수논문상을 받는 성과도 있었다.

이러한 사례는 마이폴학교에서 지금도 이어지고 있다. 최근 졸업생 중 다수는 미국과 유럽의 명문대 및 대학원에 입학했고, '표준화된 평가가 없어도 진짜 배움을 통해 세계로 나아갈 수 있다'는 것을 마이폴학교는 증명하고 있는 셈이다.

마이폴학교는 공부의 본질을 이렇게 정의한다. "공부란, 내 안의 질문을 찾고, 그것을 삶과 연결하며 끝까지 파고드는 것입니다."

이를 위해 마이폴학교는 학습의 골든타임을 놓친 학생들에게도 언제든 다시 시작할 수 있는 기회를 제공한다. 기존 교육 시스템에서 낙오하거나 자기만의 리듬을 찾지 못했던 학생들에게 이곳은 두 번째 성장의 출발점이 된다. 실패와 좌절, 심지어 공교육에서 벗어난 경험조차도 이 학교에서는 모두 중요한 학습의 자산으로 다뤄진다.

더 나아가 마이폴학교는 국내 진학을 넘어 글로벌 진로 설계까지 지원한다. 최근 졸업생 중 일부는 영국 UCL, 네덜란드 트벤테 공대 등 세계 유수 대학에 입학 허가를 받았다. 이들은 국제 학술대회에서 영어 논문을 발표하거나 사회 문제를 해결하는 프로젝트를 통해 글로벌 네트워크를 형성하고 있다.

한 졸업생은 2년간의 몰입형 탐구 끝에 기후변화와 수학적 모델링을 융합한 논문을 완성했고, 이는 국제 학회에서 발표되어 다수의 연구자와 협업의 계기가 되었다. 또 다른 학생은 피지컬 컴퓨팅과 코딩, 미술을 접목시킨 키네틱 아트를 개발해 예술 공모전에서 입상했다.

무엇보다 이 학교의 가장 큰 성과는 '스스로 공부하는 아이들'을 길러냈다는 점이다. 수업을 강제로 듣게 하지 않아도, 학생들은 자발적으로 학습 계획을 세우고 팀 프로젝트를 기획하며, 때로는 밤을 새우며 자신의 탐구 주제에 몰두한다. 교사들은 이런 아이들을 보고 "지도한다기보다 경청하고 조율할 뿐"이라고 말한다.

마이폴학교는 학교 밖 사회와의 연결도 중요하게 여긴다. 농촌 마을이라는 지역적 특성을 오히려 자산으로 삼아 지역 마을을 정화하는 봉사활동이나 종자학에 관심 있는 학생은 농촌의 특성을 살려 직접 작물을 재배하고 KCI 학회에 투고하기도 한다.

부모 교육 역시 이 학교의 핵심 축이다. 마이폴학교는 정기적으로 부모와의 피드백 세션, 공동 워크숍, 자녀 교육에 대한 철학 공유 프로그램을 운영한다. 학습의 본능을 유지하려면 가정과 학교가 같은 방향을 바라봐야 하기 때문이다. 학부모가 먼저 변할 때, 아이도 진정한 자율성을 갖게 된다.

그리고 무엇보다 중요한 것은, 이 모든 과정이 아이에게 '배움이 기쁨'이라는 사실을 가르친다는 점이다. 교과서에 없는 질문, 대학 입시와 상관없는 주제, 실수와 실패로 가득한 도전 속에서도 아이들은 성장한다. 그리고 그 성장은, 시험지 위의 숫자보다 훨씬 멀리 간다.

"아이들은 A를 배우다 이어서 B로 가지 않고, 곧장 C로도, F로도, H로도 갑니다. 어른들은 그러한 비논리적인 듯한 비약 속에 창조의 씨앗이 숨어 있다는 사실을 알아야 합니다."

마이폴학교는 지식의 계단을 한 칸씩 오르게 하지 않는다. 아이들이 스스로 날 수 있도록 날개를 만들어주는 데 집중한다. 아날로그적인 호기심을 끝까지 밀어붙이고, 전두엽이 충분히 성장할 때까지 스마트기기 사용을 철저히 통제하는 이유도 여기에 있다. 아이들의 뇌는 아직 자라고 있고, 그 성장의 환경을 만드는 것이 어른의 책임이라는 믿음 아래, 마이폴학교는 오늘도 창의적이고도 교육적인 실험을 계속하고 있다.

진짜 공부는, 시험지를 펼치며 시작되지 않는다. 아이가 무언가에 몰입하는 순간, 질문을 던지는 그 찰나에 이미 시작되고 있다. 마이폴학교는 그 찰나의 가치를 믿는다. 그리고 그 믿음은 하나둘, 눈앞의 성과로, 학생들의 삶으로, 세상 속으로 나타나고 있다.

PART Ⅲ

스스로를
발견하는 학교

네가 되고 싶은 너를 만나기까지

A는 스스로를 '평범한 아이'라고 생각했다. 뛰어난 것도 없고, 특별히 문제를 일으킨 적도 없는, 그냥 조용히, 무난하게 학교생활을 해왔다.

그래서였을까. 그해 봄, 마이폴학교로 전학을 왔을 때 A는 이곳이 도무지 익숙해지지 않았다. 시험도 없고, 순위도 없고, 심지어 수업조차 매일 다르게 흘러갔다.

하루는 기후 위기를 주제로 마을을 조사하고, 하루는 스스로 만든 질문을 토론했다. A는 처음엔 이 모든 것이 불안했다.

'틀리면 어떡하지?'

'이렇게 해도 되는 걸까?'

하지만 마이폴학교에선 선생님들이 정답을 알려주지 않았다. 그분들은 "좋은 질문이야.", "그 생각은 어디서 나왔어?",

"한 번 더 탐색해 볼래?" 같은 말만 반복했다.

어느 날은 감정 일기 시간에 A가 "나는 잘하고 있는지 모르겠어요."라고 쓴 걸 본 담임선생님이 조용히 다가와 말했다.

"잘하고 있다는 느낌보다, 궁금하다는 마음이 더 중요해. 넌 그걸 충분히 가지고 있어."

그 말은 오래 남았다. 하지만 A는 여전히 자신이 어디로 가야 할지 알 수 없었다.

진로 프로젝트가 시작된 건 5월 초였다. 모든 학생이 3주 동안 자신이 관심 있는 주제로 탐구하고, 마지막 주 금요일에 '진로 페어'를 열어 전교생 앞에서 발표하는 방식이었다.

M은 메이크업 아티스트를 준비했다. J는 드론 촬영을 하고, 다른 친구들은 웹툰 작가, 요리사, 해양 생물학자 같은 꿈을 꺼내 놓았다. 교실 한쪽이 갑자기 꿈으로 북적였다.

하지만 A는 종이 위에 아무것도 쓰지 못했다. 스스로를 '평범한 아이'라 여긴 그에겐 뚜렷한 꿈도, 특별한 관심사도 없었다. 혼자 도서관에 틀어박혀 직업백과를 뒤지던 어느 날, 담임선생님이 A 옆에 앉았다.

"어떤 주제로 해볼 생각이야?"

"모르겠어요. 그냥… 다 잘 못할 것 같아요."

"그럼, 잘하려고 하지 말고 해보고 싶은 걸 해봐."

A는 망설이다가 작게 말했다.

"… 어릴 땐 라디오 DJ처럼 사람들 이야기 듣는 게 좋았어요. 녹음도 해보고, 흉내도 내보고."

선생님은 눈을 반짝이며 말했다.

"그거, 너무 좋은 출발점이야."

A는 인터뷰 프로젝트를 시작했다. 학교에서 만날 수 있는 사람들을 찾아다니며 작은 마이크로 이야기를 녹음했다.

S는 "동생이랑 같은 반이라 불편해요."라고 털어놨고, 급식 조리사 선생님은 "요즘 애들은 된장찌개보다 유부초밥을 더 좋아하더라."며 웃었다.

A는 질문지를 준비하고, 말 끊지 않고 기다리는 연습을 했고, 목소리를 오디오로 편집하는 법도 배웠다. 무엇보다도, 사람들의 이야기를 듣는 일이 생각보다 훨씬 더 흥미로웠다. 누군가의 마음을 듣고, 그것을 말로 정리하는 일이 '공부'처럼

느껴지지 않았다.

마지막 주 금요일. 진로 페어 당일, 전교생 앞에서 마이크를 잡은 A는 손에 땀이 흥건했다. 하지만 눈앞에 앉아 있는 사람들 중 절반은 자신이 인터뷰했던 사람들이었다. 그들은 아는 듯이, 환하게 웃으며 A를 응시했다.

"안녕하세요. 저는 DJ A입니다. 지난 2주간 학교 사람들을 만나 인터뷰를 했습니다. 어떤 친구는 미래가 막막하다고 했고, 어떤 선생님은 하루에 아이들 이름을 모두 불러주는 게 버릇이라고 했어요. 그 이야기를 들으면서, 저는 생각했어요. '나는 누군가의 이야기를 듣는 걸 좋아하는구나.' 그리고… 그걸 전하는 것도, 내가 하고 싶은 일이구나."

진로 페어가 끝난 날, 담임선생님이 A에게 말했다.
"오늘 A 너, 무대 위에서 완전히 네 목소리로 서 있었어. 완전 멋있었어."
"사실 발표할 때… 무섭진 않았어요."
"그게 바로 네 진로의 단서일 수도 있어."

A는 진로 포트폴리오 마지막 장에 이렇게 썼다.

'나는 아직도 내가 정확히 무엇을 할 사람인지는 모르겠다. 하지만, 내가 누구의 말에 귀 기울이고 싶은 사람인지는 안다. 그게 어쩌면, 내가 되고 싶은 나의 시작일지도 모른다.'

9

삶을 바꾸는
배움을 꿈꾸다

2000년대 초반, 대한민국 사회는 어느 순간 '개성'이라는 단어에 열광했다. 사회 곳곳에서 이에 힘입어 '창의력'을 키워야 한다고 외쳤고, 기업은 차별화된 사고와 다름에서 혁신이 나온다며 조직 문화를 개편했다. 학교도 예외는 아니었다. 교과서에는 '스스로 생각하라', '너만의 색깔을 찾아라'는 구절이 반복됐고, 교사는 학생들에게 창의성을 길러야 한다고 지도했다.

   그러나 정작 현실 속 교실은 달랐다. 교육 현장은 여전히 정답 중심이었다. 입시와 내신이 교육의 기준이었고, 아이들은 빠르게 문제를 푸는 법, 더 많은 정보를 암기하는 법을 먼저 배워야 했다. 자기가 누구인지, 어떤 성향과 감정을 갖고 있는지를 탐색해 보기 전에 서둘러 성적을 올리라는 압박만을 받았다. 스스로 질문하고 사고할 기회는 사라지고, '정답 찾기'만이 학습의 기준이 되었다.

필자는 이 모순에서 출발해야 했다. 겉으로는 개성을 말하면서도 실제로는 그것을 허용하지 않는 교육. 창의성을 이야기하면서도 실제론 순응을 요구하는 환경. 이 구조가 과연 아이들의 삶에 무엇을 남기는가? 점점 더 많은 아이들이 자신이 무엇을 좋아하는지조차 모른 채, 정해진 루트에 올라타고 있는 현실을 보며 필자는 스스로에게 질문을 던졌다.

"진짜 교육은 무엇인가?"

이 질문은 단순히 수업 방식을 바꾸는 것을 넘어서, 아이들이 세상을 바라보는 시각과 자신의 삶을 선택하는 태도까지 변화시켜야 했다. 그래서 필자는 결심했다. 점수와 서열 중심의 교육에서 벗어나 한 아이의 가능성과 고유한 삶을 중심에 둔 학교를 만들어보자고. 그렇게 2014년, 충북 괴산의 작은 마을에서 '폴수학학교'가 시작되었다.

질문하고 연결되는 배움의 의미

'폴Paul'이라는 이름은 필자에게 특별하게 남아 있다. 하나는 사도 바울Paul the Apostle. 삶의 방향이 완전히 바뀐 인물로, 변화와 회심, 그리고 새로운 길을 걷는 용기를 상징한다. 또 하나는 헝가리 출신의 수학자 폴 에어디쉬Paul Erdős다. 그는 20세기 가장 영향력 있는 수학자 중 한 명으로, 조합론, 수론, 확률론 등 여러 분야에 걸쳐 약 1,500편의 논문을 발표했다.

에어디쉬는 학문에 대한 순수한 사랑을 가지고, 고정된 직장이나 집 없이 전 세계를 여행하며 수학자들과 함께 문제를 풀었다. 그의 협업 방식은 수학계의 전설이 되었고, 오늘날 '에어디쉬 수Erdős number'라는 개념으로 남아 있다. 이는 수학자 간의 협업 거리를 나타내는 지표로 '에어디쉬와 직접 논문을 쓴 사람은 수 1, 그와 함께 논문을 쓴 사람과 공동 저자라면 수 2…' 이런 식으로 이어진다. 그는 학문이란 결국 관계와 나눔 속에서 발전한다고 믿었다.

필자는 그가 보여준 삶의 방식에서 교육의 본질을 본다. 배움은 정착이 아니라 여행이고, 혼자가 아니라 함께하는 여정이다. 그래서 학교 이름에도 '폴'을 담았다. 이 학교를 거쳐 가는 아이들도 배움을 통해 삶이 변화되기를 바랐고, 교사들 또한 정답보다 질문을 더 많이 품고 있는 사람이길 바랐다.

이름에는 철학이 담긴다. 그래서 '폴수학학교'라는 이름에는, 단순히 수학을 잘 가르치는 학교라는 뜻이 아닌, 삶을 바꾸는 배움을 실현하겠다는 의미가 있었다.

또한 수학이 디지털 시대에 미래의 언어이자 세상의 구조를 이해하는 사고력의 기초라는 믿음하에 최초의 수학 학교를 꿈꿨지만 시장에서는 수학의 개념을 하나의 과목으로 여기고 문제 풀이 수준의 수학으로 오해하는 현상이 생겼다. 그래서 과목 이름을 학교 이름에 넣는 것을 포기했다. 진짜 배움을 위한 교육은 과목 중심이 아니라 사람 중심이어야 한다는 것을…. 결국 2022년 학교는 '마이폴학교'로 이름이 바뀌었다. 'My Paul'이라는 이름은 나만의 배움, 나만의 변화, 나만의 방향성을 뜻한다. 학생 한 명 한 명이 주체적으로 배움을 설계하는 학교, 그 철학을 이름에 담았다.

 마이폴학교의 교실은 일반적인 교실과는 다르다. 이곳엔 일반 시험이 없다. 학년도 나이도 큰 의미를 두지 않는다. 하루에 한 과목, 하나의 프로젝트를 중심으로 수업이 진행된다. 교사는 학생의 뒤가 아니라 옆에서 함께 고민하며 나아간다. 수업은 강의가 아니라 대화이며, 평가는 점수가 아니라 성장의 과정이다.

 느림은 이 학교에서 환영받는다. 어떤 학생은 하나의 수학 문제를 몇 주, 때로는 몇 달간 붙잡고 고민한다. 또 다른 학생은 자신의 글을 완성하는 데 한 학기를 통째로 들이기도 한다. 필자는 그럴 때마다 교사들에게 당부한다. '기다려라. 그리고 믿어라. 아이는 반드시 자기 언어로 완성해낼 것이다.'

 입시 중심의 교육에서는 기다림이 낭비로 여겨질지도 모른다. 하지만 마이폴학교에서는 기다림이야말로 최고의 교육 방법이다. 시간이 걸려 내 것이 된 지식은 쉽게 사라지지 않는다. 진짜 배움은 느리게 온다.

 이러한 구조 속에서 학생들은 스스로 삶의 방향을 탐색한다. AI 논문을 100편 넘게 읽고 국제 학회에서 단독 발표를 한 학생, 디자인에 눈을 떠 세계적인 예술대학에 장학생으로 진학한 학생, 대학교를 건너뛰고 대학원에 진학한 사례도 있다. 그러나 이들은 특별한 영재가 아니다. 단지, 자기 흥미를 깊이 있게 탐색할 수 있는 환경을 만났을 뿐이다.

교사는 더 이상 '가르치는 사람'이 아니다. 아이 옆에서 함께 배우는 조력자이며, 실수를 기다려주는 동행자다. 실수를 두려워하지 않도록 격려하며, 실패에서 배울 수 있는 기회를 마련하는 사람이다. 이 과정에서 학생은 자율성을 얻고, 회복탄력성을 기른다.

마이폴학교는 비인지 능력을 학교 졸업 기준에 포함시켰다. 협업, 성실성, 감정조절, 공감 능력, 비판적 문해력 같은 요소들이 그것이다. 이는 세계 교육계가 점점 강조하는 방향이기도 하다. 2023년 OECD는 사회정서적 역량이 미래 핵심 역량임을 강조했고, 유네스코는 '지속가능한 삶을 위한 교육'을 강조하고 있다.

지금 마이폴학교는 국제학교 모델로의 확장을 준비하고 있다. AI와 디지털 기술이 일상을 지배하는 시대, 필자는 미래

인재에게 필요한 세 가지 역량을 이렇게 정리한다. 디지털 리터러시, 사람과 관계 맺는 인성, 그리고 소통하는 언어 능력.

정보는 AI가 줄 수 있지만 그 정보를 타인과 연결하고, 새로운 의미로 재구성하는 능력은 사람에게만 있다. 마이폴학교는 그 사람다움을 지키고 확장하는 교육을 지향한다.

아이들은 묻는다. "나는 누구인가요?" 그 질문을 끝까지 붙들 수 있도록 돕는 것. 그것이 필자가 학교를 설립한 이유다.

10. 삶의 방향을 설계하는 학교

기존 교육 시스템은 여전히 성적과 입시라는 거대한 기준 아래 놓여 있다. 아이들의 생각과 감정, 흥미보다 빠르고 정확하게 문제를 푸는 능력이 우선시된다. 그러나 진정한 배움은 시험 점수나 경쟁을 통해 길러지는 것이 아니다. 필자는 오랫동안 교실 안의 모순을 지켜보며 질문해 왔다. '아이들이 진짜 원하는 배움은 무엇일까?' 이 물음 끝에 도달한 답이 바로 마이폴학교의 설립이었다.

"마이폴학교는 무학년 도제식 교육을 지향하고 있습니다.

학생은 저학년과 고학년을 구분하지 않고 성장 단계별 맞춤형 프로그램으로 스스로의 진로를 찾아갈 수 있도록 합니다."

입학 후 학생들은 다양한 진로 검사와 심리 검사를 통해 자신을 이해하고, 이후 자신에게 맞는 연구실과 지도 교사를 직접 선택한다. 생활관 선생님과 심리상담사는 학생의 정서와 일상을 함께 돌본다. 모든 수업은 프로젝트 중심으로 진행되며, 박사급 지도 교사들과 함께 학습 계획을 세우고 스스로 평가하는 자기주도 학습 시스템이 자리 잡고 있다.

심리적 안정과 자율성은 상호 보완적이다. 교육 심리학자 에드워드 데시Edward Deci와 리처드 라이언Richard Ryan이 제시한 자기결정 이론에 따르면, 인간의 내적 동기와 지속 가능한 몰입을 유도하기 위해서는 세 가지 핵심 욕구—자율성, 유능감, 관계성—가 충족되어야 한다.

마이폴학교는 이러한 구조를 실제 교육 시스템에 반영함으로써 학생 개개인이 자율적으로 선택하고, 스스로의 유능감을 축적하며, 안전한 관계 속에서 탐구할 수 있는 환경을 조성해 왔다. 앞의 이론이 강조하는 바와 같이, '외적 보상'보다 '내적 동기'를 키우는 것이 진정한 배움의 지속성을 만든다는 철학은 마이폴학교의 교육 전반에 깊이 녹아 있다.

이러한 교육을 가능하게 하는 핵심 철학은 '탐색과 경험'이다. 이에 대해 필자는 말한다.

"학생들이 스스로 흥미를 느낄 수 있는 무언가를 찾는 것이 가장 중요합니다. 그래서 마이폴학교에서는 '나를 찾아주세요'라는 과정을 운영하며, 다양한 경험을 통해 자기 자신을 알아가는 시간을 제공합니다. 우리는 학생이 직접 부딪히고 실패해 보는 과정을 중시합니다. 그렇게 해야 자신의 진짜 정체성을 만날 수 있거든요."

마이폴학교의 교실은 전통적인 수업 방식과는 사뭇 다르다. 하루에 한두 가지 주제를 중심으로 수업이 이뤄지며, 학생들은 그 주제에 대해 질문을 던지고, 자료를 조사하며, 또래와 협업을 통해 스스로 해답을 찾아간다. 프로젝트가 마무리되면 각자 결과물을 제출하고, 이를 바탕으로 자기 평가와 또래 간 피드백 peer review 을 진행한다. 이때 교사는 판단자나 평가자가 아닌, 사고를 이끌어주는 촉진자이자 안내자로서의 역할을 맡는다.

이러한 수업 구조는 핀란드의 '현상 기반 학습Phenomenon-Based Learning'이나 MIT 미디어랩의 창의적 탐구 방식과도 철학적으로 닿아 있다. 교과 간 경계를 허물고 실생활의 문제나 주제를 중심으로 학습을 설계하는 핀란드의 방식처럼 마이폴학교 역시 학생 개개인의 질문에서 출발한 배움을 존중한다. MIT 미디어랩이 실패와 실험을 기반으로 창의적 문제 해결 능력을 길러내듯 마이폴학교도 학생 스스로 생각하고 탐구하며 의미 있는 결과물을 만들어내는 과정을 중시한다.

10대의 집중력, 세상을 바꾸는 가능성으로

마이폴학교에서 필자가 가장 자주 마주치는 놀라운 장면은, 10대 학생들이 자신의 관심 분야에 몰입할 때이다. 일반적으로 10대는 산만하고 집중력이 약하다고 여겨지지만, 마이폴학교의 학생들은 그렇지 않다. 이들은 자신이 좋아하는 분야에 대해서는 누구보다 깊이 파고든다. 그것이 어려운 논문이든, 실험 설계든, 해외 학회 발표든 마찬가지다.

"포항공대 인턴 연구원으로 들어간 한 학생이 있습니다. 사춘기 시절 불만 가득한 상태로 마이폴학교에 입학했는데, 인공지능 논문을 100편 넘게 읽고 단독으로 IEEE 해외 학회에 논문을 발표하기까지 했습니다. 결국 전문가 수준의 역량을 인정받아 인턴으로 선발되었고, 이제는 자신의 길을 개척하고 있습니다."

마이폴학교의 졸업생들은 다양한 분야에서 두각을 드러낸다. 영국 유니버시티 칼리지 런던UCL, 네덜란드 트벤테 대학교University of Twente 등 세계 유수의 대학뿐 아니라, 일부 학생은 학부 과정을 건너뛰고 곧장 대학원에 진학하기도 한다. 실제로 트벤테 대학교는 디자인 및 공학 융합 교육으로 주목받는 연구 중심 대학이며, 마이폴학교 졸업생들이 이와 같은 기관에서 인정받는다는 점은 학교 철학의 현실적 효과를 보여준다.

최근에는 세계적 디자인 스쿨에서 장학금을 받고 진학한 학생도 있었다. 그는 마이폴학교에서 처음으로 디자인을 접했고, 교육 과정 안에서 스스로 진로를 설계하며 전문가로 성장해 나갔다. 특정한 재능이 아닌 '기회의 구조'가 결과를 만든다는 사실은, 하버드대 교육학자 하워드 가드너Howard Gardner의 다중지능 이론에서도 확인된다. 가드너는 지능은 단일하지 않으며, 언어, 공간, 음악, 신체 등 다양한 영역에서 발현될 수 있다고 말한다. 마이폴학교는 이 철학을 실천에 옮긴 학교다.

이러한 성과의 비결에 대해 필자는 단호하게 말한다.

"마이폴학교는 영재만을 위한 학교가 아닙니다. 평범한 학생도 자신이 좋아하는 것을 발견하고, 그 일이 어떻게 세상과 연결되는지를 알게 되면 누구보다 열정적으로 몰입할 수 있습니다. 우리가 해야 할 일은 그 기회를 열어주는 것입니다. 진짜 배움은 스스로의 삶과 맞닿아 있어야 비로소 살아 있는 힘이 됩니다."

마이폴학교는 지금도 새로운 실험을 계속하고 있다. 공동체 기반의 교육, 교사와 학부모가 함께 성장하는 소통 구조, 디지털 리터러시와 인간 중심 언어 역량을 아우르는 융합형 커리큘럼. AI시대의 배움은 단순히 기술을 익히는 것이 아니라, 기술을 통해 '사람됨'을 지켜내는 일이라는 확신에서 출발한다.

필자는 말한다. "이 학교는 단지 공부를 잘하는 아이를 키우는 곳이 아닙니다. 삶을 스스로 설계할 수 있는 아이, 자신만의 답을 찾는 아이, 그런 아이들이 미래를 바꿀 수 있다고 믿는 학교입니다."

11 대학원처럼 배운다고?

대한민국의 교육은 오랜 시간 '속도'와 '결과' 중심으로 운영돼 왔다. 점수를 잘 받기 위해 더 많이, 더 빠르게 배우는 것이 미덕처럼 여겨졌고, 그 결과 '공부를 잘한다'는 것이 '문제를 잘 푼다'는 것과 동의어가 되었다. 필자는 이 구조 속에서 오랜 시간 교육 현장을 지켜보며 생각했다. "과연 지금의 교육이 아이들의 삶에 어떤 의미를 줄 수 있는가?" 이러한 질문은 마이폴학교라는 대안을 만드는 계기가 되었다.

마이폴학교는 '대학원형 아웃풋 교육'을 지향한다. 하루에 단 한두 과목만을 깊이 있게 다루는 프로젝트 중심 수업, 정해진 답을 요구하지 않는 개방형 평가, 스스로 탐구하고 결과를 만들어내는 자기주도 학습. 이 모든 것의 중심에는 '학생이 주체가 되는 교육'이라는 철학이 있다. 전통적 시험이나 내신, 수능의 부담 없이 학생은 자신이 원하는 주제를 선택하고, 그것을 연구와 협업, 창작 등의 방식으로 탐구한다.

"우리는 대학원에서 이뤄지는 연구 중심 교육을 아이들의 삶에 맞게 조정해 중·고 단계부터 적용하고 있습니다. 아이들은 논문을 읽고, 실험을 설계하며, 팀 프로젝트를 수행하고, 발표와 피드백을 통해 스스로의 사고를 확장해 갑니다. 이 과정이 바로 진짜 공부입니다."

필자는 주입식 교육이 낳는 단기 기억 중심 학습보다 느리지만 깊이 있는 탐구가 결국 더 오래 남는 배움이 된다고 강조한다. 미국 하버드 교육대학원의 에릭 마주르Eric Mazur 교수도 '피어 인스트럭션peer instruction'을 통해 "배움은 강의보다 토론과 문제 해결 과정에서 깊이 일어난다."고 말한 바 있다. 마이폴학교의 수업 방식은 이와 유사한 원리로 설계되어 있다.

한 예로, 마이폴학교에 입학한 한 학생은 이전 학교에서 수업에 흥미를 느끼지 못하고 방황하던 시기를 보냈다. 그러나 이곳에서는 매일의 수업이 하나의 질문에서 출발하고, 스스로 탐구하며 답을 찾아가는 과정으로 구성되어 있었다. 그 학생은 암호에 흥미를 느끼게 되었고, 자발적으로 논문을 찾아 읽기 시작했다. 3×3 큐브로 새로운 암호화 알고리즘을 개발하고 궁금한 주제를 더 깊이 파고들었다.

결국 자신의 탐구 결과를 정리해 해외 학회에 논문을 제출했고, 실제로 채택되는 성과를 이뤄냈다. 이는 기존 교육에서 소외되었던 학생도 스스로 주도할 수 있는 환경이 주어질 때 얼마나 깊이 있는 몰입과 성장을 이룰 수 있는지를 잘 보여주는 사례다. 성적이나 등수보다 '질문을 던지는 힘'과 '탐구의 지속성'을 중시하는 마이폴학교의 교육 방식이 만들어낸 놀라운 변화였다.

이러한 방식은 마이폴학교의 입시 성과에서도 드러난다. 영국의 UCL, 네덜란드의 트벤테 공과대학교, 세계적인 디자인 스쿨, 미국의 조지아텍은 물론 검정고시생 최초로 국비로

일본 교토대에 진학하는 등 다양한 해외 대학에 학생들이 진학하고 있으며, 일부 학생들은 10대에 대학교를 건너뛰고 대학원에 곧바로 진학해 전문가로 성장하고 있다. 이곳은 학생의 개별적인 진로와 흥미를 중심으로 '삶의 연구실'이라는 교육 환경을 조성하며, 기존 교과 중심의 교육과는 차별화된 진로 역량을 키워내고 있다.

느리게, 그러나 깊게 자라는 아이들

마이폴학교의 교육은 빠르지 않다. 평균보다 느린 아이가 있으면 그 아이의 속도에 맞춰 수업이 조절된다. 모두가 같은 진도를 따라가는 것이 아니라, 각자가 이해하고 탐구할 수 있는 지점을 기준으로 배움이 이뤄진다. 이런 방식은 처음엔 학부모들에게 낯설고 불안하게 다가오기도 한다.

"실제로 개교 초기에는 '왜 우리 아이는 몇 달째 한 과제만 하고 있느냐'는 항의가 많았습니다. 다른 학교에서는 벌써 다음 단원까지 나갔는데 말이죠. 그러나 배움에는 속도가 없습니다. 중요한 건, 아이가 스스로 질문을 던지고, 그 질문에 대한 해답을 찾는 과정에서 배우는 힘입니다."

필자는 아이들이 실패를 경험하는 것이 교육에서 무엇보다 중요하다고 말한다. 심리학자 캐런 리비치Karen Reivich와 마틴 셀리그먼Martin Seligman이 함께 개발한 '회복탄력성 교육Penn Resiliency Program'에서도 강조되듯, 회복탄력성resilience—즉 실패했을 때 다시 일어설 수 있는 힘—은 교과서가 아닌 실제 실패의 경험 속에서 길러진다. 이 프로그램은 청소년이 역경을 극복하며 스스로 낙관적 사고와 문제 해결 능력을 키우도록 돕는다. 결국, 진짜 성장은 실패를 피하는 것이 아니라 실패 이후에 어떤 선택을 하느냐에서 비롯된다.

실제로 마이폴학교는 이러한 실패를 허용하고, 실패 속에서 스스로 방향을 찾는 교육 환경을 설계해 왔다. 학생이 프로젝트를 중단하거나 다시 처음부터 설계하는 일도 허다하며, 실패한 결과물을 발표하면서 더 나은 접근법을 함께 고민하기도 한다. 교사는 조언자이지 구체적인 해답을 내려주는 존재가 아니다.

"아이들에게 가장 필요한 건, 실패했을 때 혼나지 않는 분위기입니다. 그리고 그 실패가 다시 도전할 수 있는 용기로 이어지게 돕는 일이지요."

마이폴학교는 '삶의 연구실'이라는 철학을 바탕으로, 디지털 리터러시와 글로벌 커뮤니케이션, 창의적 문제 해결력, 인성과 리더십을 아우르는 교육 과정을 설계하고 있다. 이는 단순한 교과 내용 전달이 아닌, 학생이 자기 삶의 맥락 속에서 문제를 정의하고 해답을 찾아가는 능력을 기르는 데 초점을 둔다.

더불어 학생 주도의 탐구 활동은 이미 성과로 이어지고 있다. 마이폴학교는 학생들이 인공지능, 뇌과학, 미디어 등 다양한 주제를 바탕으로 작성한 논문이 해외 학술대회에서 총 50여 편이 채택되었다고 밝힌 바 있다. 이는 교사의 일방적인 지식 전달이 아닌, 학생이 스스로 질문을 던지고 답을 찾아가는 교육이 어떤 결과를 낼 수 있는지를 잘 보여주는 사례다.

성적이 아닌 탐구 중심의 배움, 주어진 과제가 아닌 삶에서 비롯된 문제의식이 교육의 중심에 놓일 때, 학습은 단지 시험을 위한 활동이 아니라 자기 삶을 확장하는 과정이 된다. 마이폴은 그 실험을 매일의 수업 안에서 조용히, 그러나 분명하게 이어가고 있다.

마이폴학교가 지향하는 교육의 핵심에는 단지 '잘 아는 것'보다 '다시 일어나는 힘'을 기르는 것이 있다. 이는 세계적 교육심리학자 앤드루 마틴 Andrew J. Martin 교수가 주장한 핵심 개념과도 일맥상통한다. 마틴 교수는 학습자의 성공을 결정짓는 요인으로 인지 능력뿐 아니라 정서적 회복탄력성과 내적 동기를 함께 강조한다. 그는 이를 '학업적 회복탄력성 Academic Buoyancy'이라는 개념으로 구체화했다.

학업적 회복탄력성이란 낮은 성적, 시간 압박, 부정적인 피드백 등 학생들이 일상적으로 마주하는 학습 스트레스를 좌절이 아닌 성장의 계기로 전환하는 심리적 힘을 뜻한다. 2008년, 마틴 교수는 호주 고등학생 598명을 대상으로 한 연구를 통해 이 회복탄력성이 학업 성취와 밀접하게 관련되어 있음을 실증적으로 보여주었다. 학업적 회복탄력성이 높은 학생일수록 불안은 낮고, 자기 효능감과 수업 몰입도는 높으며, 성적 또한 우수한 경향을 보였다. 그는 이후 이 개념을 더욱 확장해 자신감confidence, 자기조절coordination, 통제감control, 평정심composure, 헌신commitment의 다섯 가지 요소5Cs로 설명하기도 했다.

마이폴학교의 수업은 이러한 회복탄력성을 교육의 본질로 삼는다. 이곳에서는 실패가 곧 학습의 한 과정이며, 넘어지는 경험 자체가 교육의 일부로 설계된다. 교사는 정답을 알려주는 사람이 아니라, 다시 일어서는 방법을 함께 탐색하는 동행자다. 학생은 낮은 점수를 두려워하기보다 그것을 어떻게 해석하고, 어떤 질문으로 다시 시작할지를 고민한다. 이는 마틴 교수가 강조한 "정서와 동기, 인지가 결합된 학습 회복력"이 실제 교실에서 구현되고 있는 모습이기도 하다. 결국 교육은 성취보다 회복의 힘을 먼저 가르쳐야 한다는 이론이 마이폴의 교실 안에서는 현실이 되고 있다.

이 학교가 지향하는 교육은 단순히 '좋은 대학 보내기'가 아니라, 학생이 스스로 삶을 설계할 수 있는 힘을 기르는 것이다. 이는 더 이상 대안이 아니라, 미래 교육의 현실적인 이

정표가 되어가고 있다.

"모두가 같은 교실에서 같은 내용을 공부하는 시대는 끝났습니다. 우리는 이제 각자가 자신의 삶의 주제와 방향을 스스로 정하고, 깊이 파고들 수 있도록 도와주는 시스템을 만들어야 합니다. 마이폴은 그 미래를 먼저 실천하고 있을 뿐입니다."

이 학교가 보여주는 변화는 단지 한 학교의 실험이 아니라 대한민국 교육이 나아가야 할 또 하나의 방향임이 분명하다. 필자는 믿는다. 진짜 교육은 아이를 지켜보는 시간에서 시작된다고. 그리고 그 시간 속에서, 아이는 결국 자기 삶의 연구자가 된다.

12. 질문에서 시작하는 하루, 마이폴의 교실

마이폴학교의 수업은 언제나 질문으로 시작된다.

"오늘은 무엇을 탐구하고 싶은가요?"

이 단순한 물음은 이곳에서 공부가 아닌 '배움'이 일어나는 방식이다. 이 학교에는 전통적인 교과서나 시험지, 석차표가 없다. 대신 학생들은 자신이 스스로 설계한 주제에 몰입하며 하루를 살아간다. 하루 한 과목, 하나의 주제에 집중하는 구조는 빠르게 진도를 나가기보다 천천히 깊이 들어가는 배움을 가능하게 한다.

예컨대 원의 넓이를 배우는 수업이라면, 공식을 외우는 것이 아니라 직접 프로그래밍을 활용해 원을 격자로 나누고, 삼각형으로 쪼개거나, 무작위 점을 뿌려 면적을 추정해 보는 실험을 진행한다. 이를 통해 학생은 수학적 사고와 컴퓨터적 접근, 문제 해결력을 동시에 익힌다. 수업은 강의보다 탐구로, 문제 풀이보다 창작과 실험으로 이뤄진다.

이와 같은 프로젝트 기반 수업은 참여형 학습의 효과가 전통적 강의 대비 10~30배 높다는 연구 결과에도 바탕을 두고 있다.

삶과 연결되는 배움의 구조

마이폴학교는 '시험 없는 학교', '강의 없는 수업', '등수 없는 교실'을 지향한다. 실제로 이 학교는 충북에서는 1호로 대안교육기관으로 등록되어, 새로운 교육 실험을 제도권 안에서 실현하고 있다. 학교 교육은 크게 인지 영역과 비인지 영역으

표 2 | 시험과 강의 없는 국내 최초의 미래학교 - 마이폴학교의 5無

無학년	마이폴학교는 학년 개념이 없으며 필요한 졸업 기준을 채우거나 별도 규정의 명예졸업제도를 이용하여 졸업생 자격을 충족할 수 있습니다.
無강의	마이폴학교는 스스로 탐구하되 일방적인 강의수업은 존재하지 않습니다.
無시험	마이폴학교는 자기 실력을 확인하는 자율 성장 평가는 존재할 수 있으나 서로 비교하거나 기록으로 남기는 일제고사나 중간고사, 기말시험 등은 없습니다.
無과제	마이폴학교는 교사 중심의 수업과제는 거의 제시하지 않으며 본인이 목표했던 바를 성취하도록 코칭하며 전략적인 실패도 장려하여 이를 통해 학생이 스스로 성장하도록 돕습니다.
無서열	마이폴학교는 기존의 수직적인 교육을 거부하며 개인의 관심사와 개성을 존중하는 서열 없는 수평적인 교육을 지향합니다.

로 나뉘며, 후자는 정서 조절, 협업, 책임감, 회복탄력성 등 미래 사회에서 더욱 중요해질 역량을 포함한다.

　학생은 자신의 진로와 성향에 따라 연구실과 멘토 교사를 선택하고, 매주 15~20시간의 블록타임 수업 외에도 자율학습과 프로젝트 활동을 병행한다. 학습 컨설팅은 단순히 공부를 도와주는 수준을 넘어, 학생이 스스로를 교육할 수 있도록 구조를 설계해 주는 일이다. 즉, 학생은 자율성과 유능감, 안전한 관계 속에서 내적 동기를 기반으로 성장해 간다.

　영어 교육도 실용 중심이다. 원서 강독과 번역 출판, 관심 분야 영어 논문 작성, 토플 수업, 영어 발표 및 토론 등 실제 상황에 기반한 커리큘럼이 운영되며, 일부 학생은 논문을 작성해 외부 발표에 참여하기도 한다.

마이폴학교의 교육적 특징을 요약하면 아래와 같다.

표 3 | 일반 학교와 마이폴학교의 교육적 특징

구분	일반 학교	마이폴학교
수업 구조	다과목 분절 수업	하루 한두 주제 몰입 수업
교육 방식	강의 중심, 문제풀이	프로젝트 중심, 실험과 창작
평가 기준	시험, 점수, 등수	자기 평가, 또래 피드백, 발표 기반
교사의 역할	지식 전달자	촉진자, 질문의 안내자, 동행자
학습 목표	진도와 성취 중심	자율성, 회복탄력성, 삶과의 연결

학생들은 이 구조 안에서 동아리와 봉사 활동에도 적극적으로 참여한다. 수학, 과학, 경제, 영상 편집, 문예 창작, 체육 등 다양한 분야의 동아리들이 운영되며, 작은 도서관 정리, 지역 환경 정화, 요양원 방문 등의 지역 봉사 활동도 정기적으로 이뤄진다. 특히 멘토-멘티 체계를 통해 학생 간 상호작용이 활

발하며 외부 강사와의 토론, 앱 제작 발표회, 영어 토론 대회, 3분 스피치 대회 등 외부 연계 활동도 지속적으로 운영되고 있다.

급식조차도 교육의 일부다. 학생들이 식단에 의견을 낼 수 있는 구조가 마련되어 있기 때문이다. 즉 학교라는 공간 전체가 배움의 장이 되는 셈이라고 할 수 있다.

마이폴학교는 '특별한 아이'만을 위한 공간이 아니다. 이곳은 누구나 자신만의 속도로, 질문을 품고 배우는 경험을 할 수 있도록 기다리는 학교다. 때론 몇 주를 하나의 문제에 몰입하고, 때론 실패를 공유하며 다시 시작한다. 마이폴에서 진짜 배움은 바로 그런 순간에 온다.

정답보다 더 중요한 것은 '스스로 묻는 힘'이며, 성취보다 더 깊은 것은 '다시 시작하는 용기'다. 그리고 그 용기를 기르는 일이야말로, 이 학교가 존재하는 진짜 이유다.

표 4 | 마이폴중학교 2025년 2학기 정규 시간표

시간	월	화	수	목	금	토	일
8:00-9:20	아침 식사 (08:00~30) 교무회의 (08:30~40), 아침 조회 (08:40~50), 매일계획서(09:00~10), 휴식 및 노트북 지급(09:10~09:20)	아침 식사 (08:00~30), 아침 조회 (08:40~50), 명상 (08:50~09:00), 휴식 및 노트북 지급(09:10~09:20)	아침 식사 (08:00~30), 아침 조회 (08:40~50), 명상 (08:50~09:00), 휴식 및 노트북 지급(09:10~09:20)	아침 식사 (08:00~30)	아침 식사(09:00~10), 출석 확인 (09:10~20)	아침 식사 (08:30~09:00)	
9:20-11:50	창의융합탐구	몰입영어(지), Digital Lab(고)	창의융합탐구 (+창작심화)	창의융합탐구 (+창작심화)	독서 지도	예술과 창작 /개별 체육	자유시간
12:00-13:00	점심 식사						
13:00-15:30	창의사고수학(지)/ 수리통합논술(고)	몰입영어(고), Digital Lab(지)	창의시고수학(지)/ 수리통합논술(고)	비편적 문해력 (+세상의 이해)	정서/단체체육	동아리 활동	자유시간
15:30-17:20	IR 전체 종례 (15:30~16:00) 외부 산책 학대교무회의 (16:00~17:50)	IR 전체 종례 (15:30~16:00) 외부 산책	체플 (15:50~16:50) /IR(16:50~17:20)	IR 외부 산책	IR	IR	IR(15:30~17:50) /예배(선택) (16:30~17:20)
17:20-17:50	청소 (분리수거 관리) 및 종례						
18:00-19:00	저녁 식사						
19:00-21:00	자주학 1차 (전체)					자유시간 (20:00 기숙사)	대청소 및 종례 (19:00~20:00)
21:00-21:20	휴식 및 간식						
21:20-23:00	자주학 2차 (고학년 중등 희망자 포함) 조기 입실(22:20~)						기숙사

* 주간 시간표는 상황에 따라 변동이 있을 수 있습니다.

13 "질문이 자라는 교실"을 꿈꾸며: 마이폴학교의 여정과 오늘

'우리는 학교에서 무엇을 가르쳐야 하는가?'
'아이들은 그 안에서 무엇을 배워야 하는가?'

마이폴학교는 이 두 질문을 품은 채, '시험 없는 학교', '강의 없는 수업', '등수 없는 교실'을 실현하는 여정을 선택했다. 이 실험은 결코 가볍지 않았다. 아이들의 질문이 교과서를 덮고 나올 수 있도록 하기 위해, 우리는 교사 중심 강의의 관성을 내려놓아야 했고, 교과 진도표보다 아이 한 명의 속도를 기다리는 용기가 필요했다.

그 결과, 마이폴의 교실은 '하루 한두 가지' 몰입형 프로젝트 수업으로 운영되고 있다. 이 수업에서는 전통적인 교과 구분이 사라지고, 문제 해결 능력, 창의력, 협업 역량을 동시에 키울 수 있는 구조가 마련된다. 아이들은 이 과정에서 수학, 과학, 컴퓨터, 논리적 사고, 그리고 협업까지 통합적으로 경험한다. 마이폴의 하루는 그렇게 시작되고, 모두가 그렇게 성장한다.

교사는 더 이상 지식을 일방적으로 전달하는 존재가 아니라, 학생의 질문을 이끌고 프로젝트를 촉진하는 존재이다. 아이들은 친구들과 협업하며, 발표와 피드백을 통해 서로의 생각을 다듬고, 성장의 기회를 만들어낸다. 그리고 무엇보다 중요한 것은, 그 배움의 과정을 즐기고 있다는 점이다.

학교가 바뀌면 아이가 바뀐다: 마이폴의 다양한 풍경들

#1. "다시 질문할 수 있게 되었어요!"

민재는 중학교 1학년이 되던 해, 마이폴학교로 전학을 왔다. 이전 학교에서 그는 조용한 우등생으로 불렸다. 교과서 진도는 누구보다 빨랐고, 시험 점수도 늘 상위권이었지만, 손을 들고 질문하거나 발표하는 일은 드물었다. 질문은 시간 낭비로 여겨졌고, 발표는 틀릴까 두려워 외면했다. 점점 배움은 성취보다는 피로가 되어가고 있었다.

마이폴에 와서 처음 맞이한 수업은 충격에 가까웠다. "오늘은 '외계 생명체 존재 가능성'을 중심으로 수업을 열어보자."는 말로 교사는 칠판 대신 학생 사이를 거닐었다. "무엇이 궁금했니?", "어디서부터 찾아볼 수 있을까?" 질문은 학생들 몫이었다. 강의는 없었고, 정답도 없었다. 민재는 마음 한구석에서 이런 생각이 피어나는 걸 느꼈다.

'진짜 궁금한 걸 공부해도 되는 걸까?'

며칠 뒤, 그는 멘토 교사와의 일대일 면담에서 조심스럽게 말했다.

"저, 우주에 관심이 많아요. NASA가 생명체 찾는 프로젝트를 하고 있다고 들었어요."

그 말은 곧바로 하나의 탐구로 이어졌다. 프로젝트명은 '지구 밖 생명체는 존재하는가?' 민재는 케플러 우주망원경이 관측한 외계 행성 데이터를 분석했고, SETI(지적생명체 탐색 프로그램)의 연구 방식을 조사했으며, 다양한 다큐멘터리를 참고 자료로 삼았다. 탐구 과정 중 멘토 교사는 발표 구성도 함께 도왔다.

"이건 네 프로젝트잖아. 발표도 네가 만들어봐야지."

발표 당일, 민재는 교내 '꼴 TED' 무대에 섰다. 슬라이드 마지막 장에는 이렇게 적혀 있었다.

"If there is a life out there, what would they think of us?"

("우주 어딘가에 생명이 있다면, 그들은 우리를 어떻게 바라볼까요?")

발표가 끝난 후, 친구들 사이에서 토론이 벌어졌다. "지구가 과연 좋은 모델이 될까?" "우리도 관측당하고 있을까?" 교사는 한 발 물러난 채 학생들의 대화를 지켜보았다. 그날, 민재는 단지 발표를 '잘'한 것이 아니라, 배움의 질문을 던지는

PART III

사람으로 성장했다.

지금 민재는 새로운 탐구를 진행 중이다. 주제는 '감정 인식 기술과 인류의 공존 가능성'. AI가 인간의 감정을 얼마나 이해할 수 있을까? 탐구 과정에선 친구들과 팀을 이루어 감정 분석 앱을 직접 체험하고, 윤리적 딜레마에 대해 토론하는 중이다.

그는 이제 알고 있다. 배움은 정답을 맞히는 행위가 아니라, 자신의 질문을 세상에 던지고, 함께 대화하는 용기에서 시작된다는 것을.

#2. 수학과 다시 만난 날

윤후는 중학교 2학년이 되기까지 수학을 거의 포기하고 있었다. 개념은 어렵게만 느껴졌고, 문제를 푸는 방식은 외워야 할 규칙으로 가득했다. 시험에선 늘 시간에 쫓겼고, 풀이 과정을 설명하는 대신 정답만 맞추는 데 익숙해졌다. 성적은 점점 떨어졌고, 자신이 수학과 맞지 않는 사람이라고 믿기 시작했다.

마이폴학교에 전학을 온 건, 그런 윤후가 마지막으로 내린 결정이었다. 이곳의 수업은 그가 알고 있던 것과 달랐다. 하루 한 가지 주제를 깊이 탐구하는 몰입 수업, 스스로 질문을 정하고 자료를 모으며 프로젝트를 기획하는 방식은 처음엔 낯설고 어색했다. 하지만 바로 그 방식 덕분에 윤후는 배움을 다시 시작할 수 있었다.

전환점은 '음악으로 푸는 수학'이라는 프로젝트에서 찾아왔다. 해당 프로젝트는 정규 수학 시간에 진행된 융합형 과제로, 학생들은 리듬과 박자 속에서 수학적 규칙을 발견하고, 음악의 구조를 통해 수학적 사고를 확장해 나갔다.

윤후는 프로젝트를 통해 다음과 같은 탐구를 수행했다:

리듬의 규칙성을 분수·비율·패턴으로 해석

화음의 구조를 수열과 피타고라스 음계로 분석

자작 멜로디를 구성한 후, 그 안에 포함된 규칙을 도표와 알고리즘으로 정리

윤후는 이 과정에서 음악이라는 익숙한 감각을 통해 수학이라는 낯선 세계에 다시 다가갈 수 있었다. 중요한 건, 그가 단순히 재미있다고 느낀 것을 넘어서, 수학적 언어로 세상을 설명하는 힘을 경험한 것이었다.

멘토 교사는 윤후에게 보다 깊이 있는 도전을 제안했다. 그 결과, 윤후는 자발적으로 고등 수학 과정을 선행하며 이산수학, 수리논리, 알고리즘 기본 구조까지 탐색했다. 방과 후에는 친구들과 함께 미니 해커톤 활동에 참여했고, 파이썬을 활용해 간단한 음악 생성 알고리즘을 만들어보기도 했다.

그는 발표 자료에서 이렇게 말했다.

"수학은 이해하는 것이 아니라, '느끼는 것'일 수도 있어요. 저는 비로소 음악 덕분에 수학을 느끼게 되었습니다."

이 사례는 단지 한 학생의 성적 회복이 아니라, 배움에 대한 태도의 회복이다. 더 이상 수학은 정답을 맞추기 위한 스트레스가 아니라, 스스로 질문을 던지고 그 의미를 찾아가는 과정이 되었다. 마이폴이 중요하게 여기는 '배움의 주체성'이 바로 그 안에서 피어난 것이다.

윤후는 여전히 음악을 듣는다. 하지만 이젠, 그 속에 담긴 수학적 리듬과 논리를 함께 듣는다. 그리고 언젠가, 자신처럼 수학에 지쳐 있던 아이에게도 말해주고 싶다고 했다.

"수학은 어렵지만, 재미있을 수도 있다고. 너만의 방식으로 다시 만나면 된다고."

#3. "왜 교과서엔 여자 과학자가 없을까?"

수진은 과학을 좋아하는 학생이었다. 실험도 재미있었고, 과학 다큐멘터리도 자주 챙겨봤다. 그런데 어느 날 문득 이런 생각이 들었다.

"왜 교과서에 나오는 과학자들은 거의 다 남자일까?"

수업 시간엔 아무도 이 질문을 다루지 않았고, 시험에도 나오지 않았다. 하지만 수진은 그 궁금증을 그냥 넘길 수 없었다.

고등학교 1학년 때, 수진은 마이폴학교의 자율 프로젝트 수업을 통해 이 질문을 직접 탐구해 보기로 했다.

프로젝트 제목은 '역사 속 여성 과학자'. 처음엔 단순히 유명한 여성 과학자를 조사하는 수준이었지만, 멘토 교사의 도움을 받아 점점 질문이 깊어졌다.

"왜 어떤 사람들은 과학사에서 잊혀졌을까?"

"여성이 과학자가 되기 어려운 이유는 무엇이었을까?"

수진은 자료를 찾고, 책을 읽고, 해외 영상 강의도 참고하면서 프로젝트를 2년 넘게 이어갔다. 그 과정에서 수진이 가장 감동받은 인물은 DNA 구조를 밝혀낸 로잘린드 프랭클린이었다. 많은 사람들이 프랭클린의 이름을 모르지만, 그녀의 사진 덕분에 DNA 이중 나선 구조가 밝혀졌다는 걸 알고는, 수진은 마음이 뜨거워졌다.

"이 이야기를 더 많은 사람에게 알리고 싶어."

고등학교 3학년이 되던 해, 수진은 그동안의 연구를 정리해 영어 논문 형식의 글로 완성했고, 교내 '폴 TED' 무대에 올라 친구들과 선생님들 앞에서 발표했다. 발표의 제목은 이랬다.

"What if science had listened to them?"(과학이 그들의 목소리에 귀 기울였다면?)

발표를 들은 후배들이 찾아와 "저도 여성 과학자에 대해 탐구해 보고 싶어요", "과학은 누구의 것인가요?"라고 물었을 때, 수진은 자랑스러웠다. 나의 질문이 또 다른 질문으로 이어졌다는 걸 느꼈기 때문이다.

마이폴의 교육은 이러한 스토리를 만들어내고 있다. 이처럼 마이폴의 교육은 단지 학습 내용을 전달하는 데 그치지 않는다. 아이들이 자기 삶과 세계를 연결하며 지식을 재구성하고, 나아가 자신의 진로를 능동적으로 개척하게 한다는 데 진정한 가치가 있다.

마이폴의 교육은 '결과'로도 입증되고 있다. 아래는 2018년부터 2024년까지 마이폴학교 졸업생들의 진학 성과이다. 해외 대학 진학은 물론, 마이폴학교를 마치고 대학원에 진학하는 사례도 증가하고 있다. 그러나 국내 대학 입시는 학교의 철학과 맞지 않아 최근에는 국내 대학만 입학을 희망하는 학생은 받지 않고 있다.

2025년 현재, 졸업생 대부분이 해외 대학 및 대학원에 진학하고 있다. 해외는 조지아텍, 퍼듀대, 템플대, 뉴욕주립대,

링컨대, 조지메이슨대, 유타대, 캘리포니아 주립대, 워싱턴 주립대, 교토대, Ritsumeikan Asia Univ. 등 다양한 국제 대학으로의 진학이 활발하다. 대학원 진학 또한 고려대, 연세대, 한양대, 성균관대, GIST 등 현재까지 14명의 학생들이 조기에 진학 성과를 이뤄내고 있다.

이러한 진학은 단지 시험 점수의 결과가 아니다. 마이폴에서는 독학사 제도, 검정고시, 해외 포트폴리오 기반 입시, AI 연구 인턴십 등 다양한 진로 전략이 실험되고 실행된다.

또한, 마이폴은 "10대에는 정신적 자유를, 20대에는 경제적 독립을"이라는 철학 아래, 대학원 조기 진학을 통해 학문적 역량과 실질적 독립을 동시에 이끌어내고 있다. 대부분의 공대 대학원은 학비 전액 면제와 함께 연구 인건비가 지원되며, 이는 곧 20대 초반의 경제적 자립이라는 실질적 경쟁력으로 이어진다. 단순한 진학의 수치가 아닌, 인생의 방향성을 바꾸는 교육이 여기에 있다.

교육은 결국, "내가 무엇을 알고 있는가"가 아니라 "내가 어떻게 살아갈 것인가"를 묻는 일이다. 마이폴은 오늘도 이 질문에 답하고자 한다. 매일 한 주제에 몰입하는 수업, 스스로 프로젝트를 기획하고 멘토를 찾아가는 학습 방식, 그리고 실패와 피드백을 성장으로 삼는 문화.

이러한 마이폴의 교육 실험은, 더 이상 실험이 아니다. 이는 이미 아이들의 삶에서, 결과에서, 그리고 변화에서 증명되고 있다.

그리고 필자는 그 길 위에서 수많은 아이들이 자신만의 속도로 자신의 이야기를 써 내려가는 모습을 믿는다. 마이폴은 그 '느리지만 가장 자기다운 길'을 함께 걷는 학교이다. 그리고 이 길은, 분명 미래를 향해 열려 있다.

표 5 | 연세대 경영학과 박사 과정에 재학 중인 마이폴 졸업생의 탐구 히스토리

중2 (보고서 수준)	청소년기 거짓에 대한 윤리적 고찰
	<미션 임파서블> OST 테마 변주곡 작곡
중3 (관심사 탐구)	네오리만 톤네츠를 이용한 바하 푸가 847 분석
	구성주의 학습이론 기반의 초등 컴퓨터 교육 과정 모형 설계
고1 (관심사 탐구)	화성학 시스템 변환을 위한 수학적 알고리즘 연구
	진화 신경망을 이용한 기하학적 패턴인식 알고리즘 연구
고2 (전공 탐구)	Usability evaluation: A case study on the intelligence assistants
	Sentiment Analysis of Twitter Corpus Related to Artificial Intelligence Assistants
고3 (전공 탐구)	Progressive Blockwise Distillation for Binary Neural Networks

표 6 | 고려대 수학과 박사 과정에 재학 중인 마이폴 졸업생의 탐구 히스토리

중1 (보고서 수준)	산성비로 인해 훼손되는 건축 문화재의 보존 방안
	R 프로그램을 이용한 기초 통계학 연구
중2 (관심사 탐구)	KBO 선수들의 자세에 따른 기록 분석
	컴퓨터 프로그램을 이용한 수학 문제 해결-C언어 활용
중3 (관심사 탐구)	타격 확률과 도루 확률을 이용한 야구 경기에서의 전이행렬 계산
	주루 능력을 반영한 타순 최적화 모형 연구
고1 (관심사 탐구)	베이지안 선형회귀를 이용한 한국프로야구 득점 분석
	필터 시각화를 이용한 폐렴 진단 합성곱 신경망의 개선
고2 (전공 탐구)	NODEs 기반의 이미지 간 보간법 연구
	Crawling Rogue's Dungeon Including Enemies through PPO
고3 (전공 탐구)	Progressive Blockwise Distillation for Binary Neural Networks

PART IV

1

다시 교실을 상상하다

14 자아 탐색에서 진로 설계까지 성장 로드맵

"하고 싶은 게 뭔지 모르겠어요."

마이폴학교에 처음 찾아오는 아이들 중, 이 말을 하지 않는 학생을 오히려 찾기 힘들다. 어른들은 그 말을 막막해하지만, 이 학교에서는 그것이 바로 진짜 배움의 시작이다.

보통 우리는 학교에서 '무엇을 잘해야 하는가'만 배운다. '수학을 잘해야 한다, 영어는 필수다, 과학 점수를 올려야 한다.' 그러나 정작 '나는 어떤 사람인가'에 대해서는 묻지 않는다. 그렇게 우리는 문제를 '푸는 기술'은 익혔지만, 문제를 '선택하는 힘'은 배우지 못했다.

마이폴학교의 교육은 이 질문을 다시 꺼내는 것에서 시작된다.

'나는 누구인가? 나는 무엇을 좋아하고, 무엇을 할 때 살아있다는 감각을 느끼는가?'

이 질문에 답하려면 먼저 '나'를 탐색하는 시간이 필요하다. 그래서 학교는 학생들의 성장을 세 단계로 나눈다. 이름하여 '자아 발견 3단계'.

표 7 | 자아 발견 3단계

단계	주요 특징	학생의 상태	교육 활동 및 지원
1단계 (적응기)	새로운 환경과 관계에 익숙해지는 시기	자기표현에 서툼, 감정 인식 부족, 학습 동기 저하	감정 일기, 글쓰기, 1:1 멘토링, 기본기 강화형 프로젝트
2단계 (진로 탐색기)	다양한 시도를 통해 흥미와 가능성을 발견하는 시기	관심 분야는 있으나 지속적 몰입 어려움, 실패에 대한 불안 존재	MOOC 학습, 주제탐색형 프로젝트, 진로 인터뷰, 지역 탐방
3단계 (두뇌의 폭풍 성장기)	좋아하는 것을 깊이 있게 다루며 스스로 성장하는 시기	자기주도 학습, 프로젝트 기획력 상승, 협업·문제해결 능력 향상	장기 연구, 외부 발표, 포트폴리오 제작, 창업 실험 등

처음은 적응기, 그다음은 진로 탐색기, 마지막은 두뇌의 폭풍 성장기다.

처음 학교에 오는 아이들은 대부분 적응기에 머무른다. 처음엔 스스로 시간표를 짠다는 것도 부담스럽고, 프로젝트를 혼자 기획하라는 말은 막막하게 느껴진다. 매주 작성하는 '감사편지'는 귀찮기도 하고, 자기 생각을 글로 쓰는 일은 어색하기 그지없다. 하지만 하루, 이틀, 그렇게 한 달이 지나면 조금씩 변화가 시작된다. 자신의 감정을 언어로 적는 연습은 자신을 들여다보는 거울이 된다. 그리고 그 거울 앞에 하루하루 서게 되면서, 아이는 자기도 몰랐던 '자기 자신'을 발견하기 시작한다.

중학교 3학년 지우도 그랬다. 아이는 학교에서 기계적으로 공부하던 삶에서 벗어나고 싶어 마이폴학교에 왔지만, 처음 몇 주간은 말수가 거의 없었다. 수업 시간에도 질문을 피해 다녔고, 어떤 프로젝트에도 손을 들지 않았다. 그러던 어느 날, 교사가 전한 한 문장이 아이를 움직였다.

"하고 싶은 게 없다면, 일단 컴퓨터 언어를 배워보자."

그 말대로 아이는 생활코딩이라는 온라인 강의를 듣기 시작했고, HTML, CSS, 자바스크립트를 하나씩 익혀갔다. 그러다 우연히 괴산군의 공공데이터를 활용해 '지역 교통사고 지도'를 시각화하는 프로젝트에 참여하게 됐다. 데이터를 시각적으로 정리하고, 교통약자 보호구역에 직접 가서 조사하고, 지역 어르신들과 인터뷰도 하게 되면서 지우의 눈이 달라졌다.

그 경험은 지우에게 새로운 감각을 일깨웠다. "이런 걸 하면, 진짜로 누군가에게 도움이 될 수 있구나 싶었어요."

그때부터 지우는 더 이상 자신의 프로젝트를 '과제'라고 부르지 않았다. 그건 자기 삶의 이야기가 되었고, 스스로 의미를 부여한 작업이 되었기 때문이다.

나를 움직이는 첫 순간

진로 탐색기는 그런 식으로 시작된다. 우연한 만남, 뜻밖의 몰입, 그리고 작은 성취.

이 시기에 마이폴학교의 학생들은 전혀 다른 길을 걷는다. 누군가는 영상 편집에 빠지고, 누군가는 환경 데이터 분석에 몰입하고, 또 누군가는 3D 프린터로 도시계획 모형을 만든다. 정해진 과목이 아니라 정해진 질문이 있기 때문이다.

"무엇을 알고 싶은가?"

이 질문은 학생을 책상에 붙잡아두지 않는다. 오히려 교실 밖으로 내보낸다. 지역을 탐방하고, 전문가를 만나고, 세상을 배운다. 그 안에서 자신의 길을 모색하는 것이다.

고등학교 1학년 소연이는 어릴 때부터 그림을 좋아했다. 하지만 '미술은 취미로만 해야 한다'는 부모님의 말에 진지하게 진로로 생각해 본 적은 없었다. 마이폴학교에서 진로 탐색기에 들어선 소연이는 흥미로운 질문을 던졌다.

"AI가 만든 그림도 예술일까요?"

이 질문은 곧 프로젝트로 발전했다. 소연이는 달리와 미드저니 같은 생성형 AI를 활용해 감정 일기를 시각화했다. 또 AI가 그린 그림을 친구들에게 보여주고, 감정 공감 정도를 측

정하는 실험을 디자인했다.

"내가 만든 것 같기도 하고, 기계가 만든 것 같기도 한데… 뭔가 이상하게 설레는 느낌이었어요."

소연이는 예술이란 무엇인지, 인간과 기계의 창작은 어떻게 다를 수 있는지를 묻기 시작했다. 이제 소연이의 진로는 'AI와 예술의 접점을 연구하는 크리에이터'이다.

그건 아무도 예측할 수 없었던 길이었고, 오직 소연이만이 도달할 수 있었던 결론이었다.

두뇌의 폭풍 성장기는 어느 날 문득 찾아온다. 아이들이 처음엔 두려워했던 '스스로 계획하고 실행하기'는 어느 순간 그들에게 자유가 된다. 오롯이 자신의 생각만으로 기획한 프로젝트, 스스로 기획한 연구, 혼자서 완성하는 프레젠테이션.

이 경험들이 쌓일수록 학생은 말한다.

"나는 나를 스스로 이끌 수 있다."

그 말은 곧 '주도성'을 뜻한다. 그리고 마이폴학교가 가장 중요하게 여기는 배움의 결과이기도 하다.

미국 코넬대학교의 사회학자이자 인간생태학 분야의 최고

권위자인 칼 필레머Karl Pillemer는 《내가 알고 있는 걸 당신도 알게 된다면》에서 인생의 후반부를 살아가는 수많은 노인들과의 심층 인터뷰를 바탕으로 이런 통찰을 전한다.

'가슴이 뛰는 일을 하라. 그러나 그것이 당장 없다면, 지금 내가 할 수 있는 일에 최선을 다하라.'

그가 만난 노인들은 공통적으로 '지금 이 순간에 충실한 삶'이 결국 가장 후회 없는 삶이라고 말했다.

마이폴학교가 중요하게 여기는 것도 바로 그 지점이다. 아직 자신의 길을 찾지 못한 학생에게도, 하고 싶은 것이 아직 뚜렷하지 않은 아이에게도 학교는 말한다.

"충실하게 살아보자. 지금 이 순간, 내 앞에 놓인 과제에 정성을 다해보자. 그렇게 한 걸음씩 나아가다 보면, 언젠가 마음이 뛰는 일을 만날 수 있을 테니까."

마이폴학교는 그 충실함을 응원하는 학교다. 처음엔 적응기로 시작해도 괜찮다. 진로 탐색기가 오래 걸려도 괜찮다. 두뇌의 폭풍 성장기는 기다린다고 오는 것이 아니라 결국 '나'를 존중해주는 환경에서 피어나는 것이니까.

이 학교에선 누군가의 기준으로 이미 늦은 아이도, 이미 방향을 잃은 아이도, 모두 '다시 시작할 수 있는 아이'로 불린다. 그리고 그것이 마이폴학교가 말하는 진짜 공부다.

15 스마트폰을 끄기보다 마음을 여는 한마디[1]

중학교 1학년을 막 올라간 지원이는 요즘 부모와 거의 말을 하지 않는다. 아침에 겨우 일어나 등교하고, 저녁이면 자기 방으로 들어가 문을 잠근다. 책상 위에는 교과서 대신 스마트폰과 이어폰이 자리하고, 한 손엔 아이스크림, 다른 한 손에는 웹소설 앱이 켜져 있다.

학교 숙제는 밀려가고, 수업 시간에 조는 일이 잦아졌다.

---

1   마이폴학교에서 노트북은 학업이나 검색 등 필요한 목적에 따라 수업 및 자유시간에 허용하고 있으나 10대에 전전두엽의 성장을 가로막는 스마트폰 사용은 엄격히 규제하고 있다.

부모는 분노했고, 스마트폰을 뺏었다. 그러나 이내 해지된 공기계를 방에서 발견하고는 기가 막혀 다시 다툼이 벌어졌다. 몰래 방에 가져가 숨어서 게임을 해 왔던 것이다. 결국 그마저도 없애버린 날, 지원이는 학교 끝나고 학원들까지 빠지고서 친구들과 밤늦게까지 PC방을 전전하다 경찰서에서 연락까지 왔다. 부모는 말한다. "어릴 땐 그렇게 착하고 말 잘 듣던 애였는데… 대체 왜 이렇게 변한 걸까요?"

이 이야기는 특정 가정만의 사례가 아니다. 2025년 대한민국의 수많은 가정에서 비슷한 장면이 벌어지고 있다.

'중2병'이라는 단어는 더 이상 웃어넘길 유행어가 아니다. 스마트폰은 어느덧 아이들의 정체성을 표현하는 일부가 되었고, 그 세계를 억지로 끊으려는 시도는 종종 아이들과의 정서적 단절로 이어진다.

그러나 진짜 질문은 이것이다.

"스마트폰이 아이를 망친 것일까, 아니면 관계가 먼저 무너진 것일까?"

한국의 부모들이 사춘기 자녀와의 관계에서 겪는 좌절은

대부분 '통제의 실패'에서 비롯된다. 아이의 공부 시간을 관리하고, 식단을 챙기고, 학원 스케줄을 짜는 일까지 부모가 주도해 왔던 가정일수록 그 통제의 끈이 끊어지는 순간, 부모는 무력함에 휩싸인다. 그리고 그 가장 흔한 장면이 바로 '스마트폰 전쟁'이다.

대부분의 부모는 자녀의 스마트폰 과몰입을 마주했을 때, 뺏거나 숨기거나 차단한다. 사용 시간을 제한하고, 앱을 삭제하고, 공기계마저 없애본다. 그러나 그렇게 통제가 반복될수록 아이들은 더 교묘해지고, 더 숨는다. 급기야 스마트폰을 꺼내지 않은 채 방 안에서 아무 말도 하지 않는 상태로 멈춰버린다. 이른바 '무응답 사춘기'다.

2024년 한국정보화진흥원과 과학기술정보통신부가 발표한 실태조사에 따르면, 스마트폰 과의존 위험군에 해당하는 청소년(만 10~19세) 비율은 42.6%에 달한다. 이는 전체 연령대 중 가장 높은 수치다. 특히 청소년기는 디지털 기기 사용의 빈도뿐 아니라 정서적 의존도 역시 높은 시기로, 남학생은 주로 온라인 게임, 여학생은 SNS·웹소설 콘텐츠에 더 높은 몰입도를 보이는 경향이 나타났다.

한편, 가족 간의 일상적 소통도 충분하지 않은 것으로 나타난다. 여성가족부의 청소년 관련 조사들에서는 부모와 자녀 간 대화 시간이 점점 줄어들고 있으며, 중·고등학생 자녀를 둔 가정 중 상당수가 '하루 30분 이하'로 소통이 제한된다고 응답한 사례도 적지 않다. 부모와의 정서적 연결 부족이 청소년의 스마트폰 과몰입과 밀접한 관련이 있다는 것은 여러 연구에서 반복적으로 지적되는 사실이다.

이러한 현상은 단순한 '기기 중독'이라기보다 관계 결핍에 기반한 정서적 의존으로 해석되어야 한다. 아이들이 스마트폰에 몰입하는 이유는 단순히 재미 때문이 아니다. 거기에는 인정받고 싶은 욕구, 외로움의 해소, 또는 자기 존재의 확인이 담겨 있다. 결국 디지털 기기는 문제의 원인이 아니라, 아이들이 품고 있는 감정의 출구이자 관계 단절의 징후일지도 모른다.

디지털 시대, 아이의 마음을 먼저 읽는 학교

마이폴학교에서는 디지털을 바라보는 시각이 다르게 나타난다. 그래서 다음과 같은 스토리로 풀어볼 수 있다. 중학생 민재는 유튜브 편집에 푹 빠져 있다. 부모는 처음엔 그것이 단지 시간 낭비라고 생각했다. 하지만 민재는 자신이 만든 영상에 '이건 진짜 재밌다'는 댓글이 달릴 때마다 살아 있음을 느낀다고 말했다.

학교는 이 흥미를 교육의 재료로 삼았다. 민재는 영상 기획부터 촬영, 편집, 자막, BGM까지 혼자 해보는 '1인 크리에이터 프로젝트'에 참여했고, 지역의 마을 축제에 영상 제작자로 참여하는 기회를 얻었다. 누군가는 중독이라고 했던 디지털이었지만 민재에게는 자신을 세상에 드러내는 가장 중요한 도구가 되었다.

이처럼 마이폴학교는 '기기를 뺏는 교육'이 아니라 '기기를 해석하는 교육'을 실천하고 있다. 디지털은 도구일 뿐이며 그 도구 안에서 무엇을 보고, 어떻게 표현하는지를 중심에 둔다. 부모가 아이의 감정에 귀를 기울이는 것이야말로 스마트폰보다 훨씬 강력한 교육 장치다.

마이폴학교는 학부모 대상 교육의 일환으로 감정 코칭 기반의 피드백 대화법을 소개한다. 예를 들어, "너 또 게임 했어?"라는 말 대신, "오늘 무슨 기분이 들어서 게임을 하게 됐니?"라고 물어보는 것. "그만 좀 해."보다 "잠깐 멈추고 우리 같이 이야기해 볼까?"라고 접근하는 것. 말 한마디가 아이의 마음의 문을 여는 열쇠가 될 수 있다는 사실을 너무 늦기 전에 기억해야 한다.

EBS 다큐멘터리 〈마더쇼크〉(2011)는 한국과 미국 부모의 양육 언어를 비교한다. 미국 부모는 자녀가 시험을 2개 틀려 오면 "잘했어, 수고했어."라고 말한다. 반면 한국 부모는 "다른 애들은 몇 개 틀렸니?", "100점은 몇 명이야?"부터 묻는다. 이 다큐는 한국 부모가 미국 부모보다 5배 이상 부정적 언어를 더 자주 사용하며, 이 비교 중심 문화가 자녀의 자존감과 자율성에 미치는 부정적 영향을 지적한다.

여러 연구에 따르면 많은 중학생이 부모와의 대화에서 비교나 질책이 자주 등장한다고 느끼는 것으로 나타났고, 또한 스마트폰 과의존 청소년들 사이에서는 '부모와의 정서적 단절'을 주요 원인으로 인식하는 경우가 적지 않다는 응답 사례들도 있다. 이는 정서적 연결의 부재가 청소년의 디지털 의존

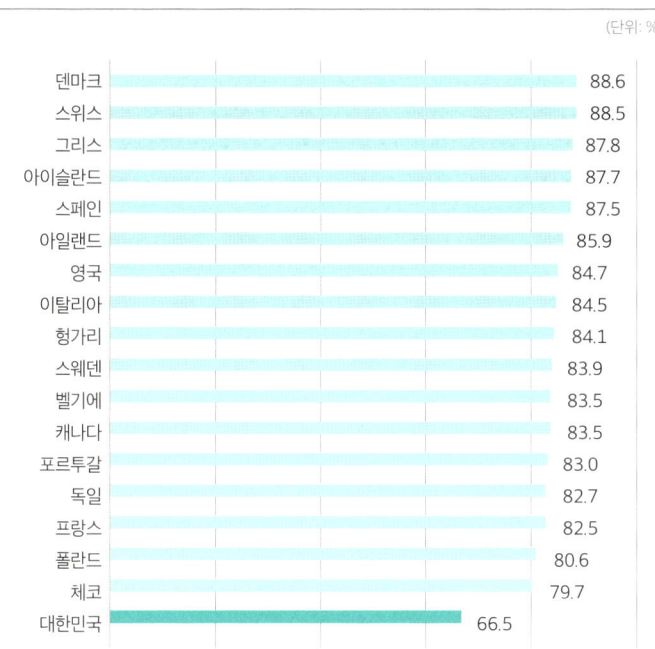

그림 2 | 한국 어린이 청소년 행복지수 국제 비교연구 조사 결과 보고서(2021)

* 자신의 삶에 대해 '만족' 또는 '매우 만족한다'고 응답한 비율의 경우, 한국은 66.5%로 OECD 국가 중 가장 낮았다.

을 심화시키는 요인임을 강조한다.

이제 우리는 질문을 바꿔야 한다. "왜 아이가 스마트폰에 빠졌는가?"가 아니라 "아이를 디지털 세계에만 몰입하게 만든 관계의 균열은 무엇이었는가?"로 말이다.

마이폴학교는 이 물음에 응답하고자 디지털 리터러시와 감정 탐색을 통합한 교육적 접근을 시도하고 있다. 이는 학생들의 생활과 감정 흐름을 반영한 개별 프로젝트나 상담, 실습 활동의 형태로 실천되고 있는 교육 실험이다.

예를 들어 일부 학생들은 자신의 스마트폰 사용 행태를 자발적으로 기록하거나 교사와 함께 그 이유를 되짚어보며 '게임이 스트레스를 풀기 위한 건 아닌지', 'SNS를 통해 외로움을 달래고 있는 건 아닌지' 묻는 시간을 갖는다. 이러한 활동은 기술 그 자체보다 기술을 사용하는 자신을 들여다보는 경험으로 이어진다.

마이폴학교가 말하는 디지털 교육은 단순한 '사용 제한'이 아니다. 스마트폰을 통제하기보다 그 속에서 무엇을 보고 무엇을 느끼는지를 해석하게 하는 교육이다. 학교는 교사들의 관찰과 학생의 피드백을 통해 디지털 사용의 이면을 성찰하게 돕는 다양한 방식의 교육적 실천을 이어가고 있다.

또한 학교는 아이들의 디지털 활동을 그대로 '학습의 도구'로 확장시킨다. 웹툰을 좋아하는 학생은 직접 스토리를 쓰고 그림을 그려 교내 전시를 열고, 게임을 좋아하는 학생은 게임 구조를 분석하고 사회적 영향에 대해 토론하는 '게임 문화 비평 수업'을 듣는다.

이것이야말로 진짜 교육이다.

억누르지 않고, 해석하고 연결하는 일.

통제 대신 관계를 먼저 회복하는 일.

스마트폰은 아이를 망치는 것이 아니다. 스마트폰은 아이의 현재 정서 상태를 반영하는 거울일 뿐이다. 그 거울 속 아이는 어쩌면 이렇게 말하고 있을지도 모른다.

"지금 나는 외로워요. 나를 있는 그대로 봐줬으면 좋겠어요."

그 손을 놓기 전에, 먼저 손을 내밀어야 할 사람은 바로 어른이 아닐까. 지금 필요한 건 스마트폰을 끄는 기술이 아니라, 관계를 다시 켜는 용기다. 하지만 이 모든 문제의 중심에는 결국 '인간관계'라는 본질이 있다. 스마트폰이라는 기기는 단지 도피처일 뿐 아이들이 진짜 빠져 있는 것은 '관심받지 못한 감정'이다. 부모가 아무리 아이의 교육을 위해 헌신했다고 하더라도 그 헌신이 아이의 언어가 아닌 부모의 기준으로만 설계되었다면 아이는 결국 자신이 아닌 '타인의 기대'를 위해 살아가게 된다. 그 삶에서 벗어나는 첫 번째 반항이 바로, 스마트폰 안의 세상으로의 도피인 것이다.

마이폴학교의 한 교사는 학부모 상담에서 이런 질문을 던진다.

"최근 아이에게 무엇에 열중하고 있는지를 물어보셨나요? 그 이야기를 진심으로 들어본 적이 있나요?"

대부분의 부모는 그 질문에 대답하지 못한 채 잠시 침묵에 빠진다. 그리고 조금 뒤에야 아이가 최근 웹툰에 빠졌다는 것, 어느 유튜브 채널을 자주 본다는 것을 기억해 내며 말한다.

"그런 걸 왜 보는지 모르겠어요."

그러나 교육은 바로 그 지점에서 시작해야 한다. 이해할 수 없더라도 듣는 것, 아이가 좋아하는 것을 경청해 주는 것이야말로 '관계'의 첫 단추다.

디지털 기기를 통제하기 위한 기술적 솔루션은 지금도 많다. 시간 제한 앱, 학습 전용 브라우저, 시력 보호 기능, 필터링 시스템 등. 그러나 정작 필요한 것은 기술이 아니라 관계의 복원력이다.

마이폴학교는 이것을 '회복적 교육'이라 부른다. 학생이 디지털 세계에 자신을 과도하게 투영하기 시작하면 학교는 그 아이의 감정 상태와 생활 리듬, 관계의 질을 함께 진단한다. 그리하여 '문제 행동'보다 '의미 있는 반응'을 찾으려 한다.

게임에 몰두하는 아이의 외로움, SNS에 빠진 아이의 인정 욕구, 웹툰에 몰입한 아이의 상상력. 이 모든 것이 교육의 출발점이 된다. 그리고 이 과정에서 가장 중요한 사람은 여전히 '부모'다.

지금 아이들이 디지털 세계에 중독되는 것이 아니라 정서적 연결에 굶주리고 있다는 사실을 인정해야 한다. 부모가 전문가가 될 필요는 없다. 다만 아이에게 '내가 너를 알고 싶어 해'라는 메시지를 꾸준히 전할 수 있는 어른이면 충분하다.

말로 표현하지 못하더라도, 아이는 알고 있다. 누가 자신을 있는 그대로 보고 있는지를. 결국 스마트폰 문제는 기기

관리의 문제가 아니라 인간이 인간을 어떻게 돌보는가에 대한 질문이다.

학교는 아이와 연결될 수 있다. 사회도, 친구도, 교사도 그 역할을 할 수 있다.

하지만 그 누구보다 먼저 손을 내밀 수 있는 사람은 부모다. 진정한 교육은 기술의 제어가 아니라 마음의 공감에서 시작된다.

그것이 마이폴학교가 디지털 시대를 살아가는 학생들에게 전하고자 하는 가장 근본적인 메시지다.

16 마음이 먼저다, 성장은 그다음이다

21세기의 아이들은 인류 역사상 가장 빠르게 변화하는 시대를 살고 있다. 기술은 기하급수적으로 발전하고 있지만, 삶의 질은 그만큼 따라오지 않는다. 특히 교육의 영역에서는 그 격차가 더 뚜렷하다. 정보는 넘치지만, 방향은 혼란스럽고, 선택지는 많은데도 정작 무엇을 선택해야 할지 모른다.

지금 우리는 저성장의 시대에 들어서고 있다. 산업혁명 이후 지속된 고성장 시대는 예외적인 시기였고, 이제 그 흐름은 끝을 향해 간다. 기술은 계속 발전하지만, 일자리는 점점 줄어든다. 상위 몇 %의 초엘리트 집단이 대부분의 부와 기회를 독점하는 이 시대에, 나머지 다수는 반복적이고 소모적인 경쟁에 지치고 있다. 청년 실업률, N포 세대, 의대 진학 열풍조차 '생존'이라는 키워드로 재해석될 수밖에 없는 이유다.

MIT 경제학자 데이비드 오터David Autor는 기술 발전이 중간 숙련 일자리를 대체하면서 노동 시장의 양극화를 가속화하고 있다고 지적한다. 그는 자동화가 반복적인 사무·제조업 일자리를 사라지게 만들고, 대신 고숙련·고임금 직무와 저숙련·저임금 직무만 남게 되는 구조를 만들어간다고 분석했다. 이로 인해 교육과 기술 습득의 기회는 점점 더 소수에게 집중되며, 사회 전반의 격차는 심화되고 있다.

이처럼 불확실한 시대, 부모는 불안을 숨기지 못한 채 말한다.

"우리 아이가 뭘 잘하는지 모르겠어요."

그러면서도 아이에게 정말 '선택할 기회'를 준 적은 있었을까? 진정성 있는 대화를 통해 아이의 마음을 들여다본 적이 있었을까?

사회학자 칼 필레머가 만난 수많은 노인의 공통된 조언은 성공의 기준을 바꾸라는 것이었다. 지금 이 순간에 충실한 삶이 결국 가장 덜 후회하는 삶이었다고 말이다.

마이폴학교는 바로 이 철학 위에 서 있다. 공부를 '잘하게' 만들려는 학교가 아니라, 자기 삶을 '설계하게' 만드는 학교, 자유학기제를 학원 보충 기간으로 보는 것이 아니라 자기 탐색과 관계 회복의 시기로 보는 학교, 그곳이 바로 마이폴이다.

관계에서 시작하는 공부, 공부로 회복되는 관계

마이폴의 교실에서는 먼저 묻는다.

"넌 요즘 어떤 게 제일 궁금해?"

"시간 가는 줄 모르고 몰입했던 경험이 있어?"

"그게 게임이라면 왜 그게 좋은지부터 이야기해 보자."

아이들은 처음엔 막연하게 "그냥 유튜브가 좋아요."라고 말한다. 하지만 프로젝트 수업을 통해, '왜 좋아하는지', '그걸로 무엇을 해보고 싶은지'를 탐색하게 된다. 어떤 학생은 게임을 좋아해서 게임 개발을 공부하고, 또 어떤 학생은 영화를 좋아해서 시나리오를 쓰기 시작한다. 또 다른 아이는 "진로를 모르겠어요."라고 말하며 입학했지만, 세계 7대 난제인 '나비에-스토크스 방정식'을 몇 년째 연구하기도 한다.

이런 변화는 아이 혼자만의 힘으로 이뤄지지 않는다. 관계가 열려야 마음도 열리기 때문이다. 마이폴의 교사들은 아이의 문제행동보다 감정과 맥락을 먼저 본다.

예를 들어 A 학생이 B 학생 때문에 힘들어한다고 했을 때, B의 잘못인지, 아니면 A의 수용 능력의 문제인지부터 함께 살핀다. 사춘기 여학생들 사이의 복잡한 감정 갈등, 선생님과의 오해, 부모와의 단절… 관계에서 벌어지는 갈등을 조율하는 과정 속에서 아이는 '이해받는 경험'을 한다. 이 경험은 아이의 자존감 회복과 학습 동기 부여로 이어진다.

호주 교육심리학자 앤드루 마틴 교수는 '학업 회복탄력성'이라는 개념을 통해 아이들이 실패나 좌절을 이겨내고 다시 도전하게 만드는 내적 힘의 중요성을 강조한다. 그는 자존감, 자기효능감, 정서 조절력과 같은 심리적 자원이 학업 지속성과 깊은 관련이 있다고 말한다.

아이가 학습에 몰입하지 못하는 이유는 단지 능력 부족

때문이 아니다. 마음이 고립되어 있거나, 관계에서 상처받았기 때문이다. 친구와의 갈등, 부모의 비교, 교사의 단정적인 피드백은 아이의 마음을 점점 좁게 만든다. 그리고 그 틈을 파고드는 것이 바로 스마트폰이다. 스마트폰은 위로처럼 다가오지만 결국 아이의 몰입을 더욱 방해하는 요소가 될 수 있다.

"이걸 할 때, 나는 어떤 감정이 들었지?"

"게임이 즐거움인지, 외로움의 보상인지, 도피인지."

그 질문 속에서 아이는 자기 안의 욕구를 들여다보기 시작한다. 그리고 이 모든 과정은 '관계' 속에서 이루어진다. 부모가 아이를 믿고, 교사가 아이를 존중하고, 친구 사이에 공감이 흐를 때 아이는 '배울 준비'를 한다. 그때부터 비로소 성적도, 진로도, 삶도 움직이기 시작한다.

지금, 우리는 교육의 본질을 다시 물어야 할 때다. 무엇을 가르칠 것인가 이전에, 어떻게 연결될 것인가를 먼저 물어야 한다.

그러므로 관계가 전부다. 이 단순한 진실이, 다시 교육의 출발점이 되어야 한다.

17. 지금, 교육은 누구를 기다리고 있는가

'교육은 원래 누구를 위한 것이었을까?'

'시험 성적이 우수한 소수의 학생?'

'중위권 이상만 살아남는 교실?'

'아니면 부모의 경제력과 정보력이 높은 가정의 아이들?'

우리는 어느 순간부터 교육을 '선발'의 도구로 오해하고, 배움을 '속도 경쟁'의 무대에 올려놓았다. 그러나 교육은 애초에 누군가를 뽑기 위한 것이 아니라, 누구든 성장할 수 있도록 돕기 위한 것이어야 했다. 이 당연한 사실이 오늘날 가장 낯설어진 진실이 되어버렸다.

요즘 많은 부모들은 자녀와의 대화가 눈에 띄게 줄어들었다고 하소연한다. 특히 사춘기를 겪는 중학생 자녀와는 하루에 한두 마디 나누기도 어렵다고 토로한다. 아침에 겨우 눈을 마주치고, 저녁엔 각자 방으로 흩어진다. 질문은 숙제 확인이나 학원 스케줄 점검 정도에 그치고, 감정에 관한 대화는 번번이 엇갈린다. 그렇게 부모와 자녀 사이의 대화는 점점 말라가고 있다.

한편, 아이들은 여전히 무언가와 '대화'를 나눈다. 스마트폰을 통해서다. 손 안의 기기는 그들을 끊임없이 호출하고, 아이들은 그 안에서 자신만의 세계를 펼친다. 누군가는 게임 속 아바타로, 누군가는 SNS 속 캐릭터로, 또 누군가는 웹툰과 웹소설의 주인공으로 변해간다.

어른들이 보기엔 그저 오락처럼 보이지만, 아이들에게는 감정을 들키지 않아도 되는 유일한 피난처이자 존재감을 확인할 수 있는 또 다른 교실이 아닐까. 이제 우리는 단순히 '사용 시간'만을 걱정할 것이 아니라 그 안에 담긴 외로움과 단절의 징후를 읽어야 한다. 아이들이 스마트폰에 빠져드는 이유는 능력의 부족이나 의지의 나약함이 아니라 어쩌면 스스로를 온전히 드러낼 수 있는 공간이 교실에도, 가정에도 없기 때문일지 모른다.

마이폴학교는 이 단절의 틈을 '통제'가 아닌 '이해'로 건넌다. 기기를 빼앗기보다 감정을 묻고, 사용을 제한하기보다 이유를 함께 찾아간다. 그렇게 아이는 비로소 누군가에게 '나의 속도와 말'을 들려줄 수 있다고 느낀다. 그리고 그 느린 대화의 시작이 진짜 배움의 첫 페이지가 된다.

이를 단지 '중독'이라는 말로 덮기엔 무거운 의미를 품고 있다. 왜 아이들은 교실보다 스마트폰에, 교사보다 알고리즘에 더 끌리는가? 그 안에는 질문이 허용되지 않는 교실, 감정이 억눌리는 관계, 실수를 용납하지 않는 문화에 대한 깊은 고립감이 자리 잡고 있다.

그리고 그 틈을 파고드는 것이 바로 스마트폰이다. 마치 '너만은 나를 판단하지 않을 것'이라는 마지막 피난처처럼.

마이폴학교는 이러한 현실을 다른 방향으로 해석한다. '감정 일기', '디지털 리터러시 수업', '감정 피드백 대화법' 같은 프로그램을 통해 아이가 스스로를 들여다보게 한다.

이는 통제 대신 성찰을, 훈육 대신 대화를, 처벌 대신 이해를 중심에 둔 교육 방식이다. 감정의 언어를 회복할 때 아이는 자신을 조절할 수 있는 힘을 되찾는다.

마이폴이 발견한 교육의 중심: '관계'와 '회복'

마이폴학교는 교육의 중심을 '지식'이 아니라 '관계'에 두는 학교다. 이곳에서는 무엇을 아느냐보다 누구와 함께 어떤 태도로 배우느냐가 중요하다. 그래서 교사는 가르치기보다 곁에 머문다. 아이가 실수했을 때 재빨리 고쳐주는 대신, 그 실수가 만들어진 맥락을 함께 탐색한다.

예를 들어, 프로젝트 수행 중 팀 내 갈등이 생기면 교사는 상황을 판단하기보다 질문을 던진다. "그 상황에서 어떤 감정을 느꼈니?", "그 친구는 왜 그렇게 행동했을까?", "다음에는 어떻게 해볼 수 있을까?" 아이는 처음엔 당황하지만, 이 질문들 속에서 자신의 감정을 들여다보고 타인의 감정을 상상하는 법을 배운다. 그렇게 하나의 갈등은 하나의 회복적 경험이 된다.

이는 미국과 영국, 핀란드 등에서 널리 확산하고 있는 '회복적 교육restorative education'과 철학을 같이한다. 회복적 교육은 단순히 문제 행동을 제재하는 것이 아니라 공동체 안에서 갈등을 성찰하고 관계를 회복하는 능력을 기르는 것에 초점을 둔다. OECD의 〈Education 2030 Learning Compass〉에서도 이러한 정서적 회복력과 공감 능력을 미래 교육의 핵심 역량으로 제시하고 있다.

마이폴학교가 실천하는 감정 피드백, 자기 성찰적 글쓰기, 또래 간 대화 중심의 갈등 조정 방식은 회복적 교육이 지향하는 철학과 맞닿아 있다. 이곳의 교사는 학생을 관리하거나 통제하는 존재가 아니라 아이가 '나 자신이 되어가는 과정'을 함께 걸어가는 동행자에 가깝다.

지금 대한민국 교육은 점점 더 많은 것을 요구하고 있다. 더 빠르게, 더 깊게, 더 정확하게. 그런데 우리는 잊고 있었다. 누구나 배울 수 있어야 한다는 전제, 교육은 아이의 존엄 위에 세워져야 한다는 기본을.

마이폴학교가 보여주는 것은 그래서 '혁신'이 아니다. 그것은 단지 교육이 본래 있어야 할 자리를 되찾은 모습일 뿐이다. 이 학교에는 성적 우수자도, 영재 인증서도 없다. 하지만 질문이 있고, 대화가 있고, 기다림이 있다. 교실마다 다른 이야기가 흐르고, 프로젝트마다 다른 삶의 맥락이 녹아든다. 여기서 배운 아이들은 시험을 잘 보는 아이가 아니라 삶의 의미를 오래 붙들 수 있는 사람이 되어간다.

정답을 외우기보다 질문을 붙들고, 속도를 자랑하기보다 고요하게 탐색한다. 그래서 이 학교는 '아이를 특별하게 만드는 곳'이 아니라 '아이를 특별하게 대하는 곳'이다.

이제 우리는 다음 질문을 꺼낼 차례다.

'내가 있는 교실은 누구에게 열려 있는가?'
'그 교실의 문턱은 충분히 낮은가?'
'아이들은 그 교실에서 자신의 이야기를 쓸 수 있는가?'

가르침 없는 배움. 문 없는 교실. 마이폴학교는 그 교육의 가장 단단한 미래를 오늘이라는 시간 안에서 이미 실천하고 있다.

에필로그

인생에 정답은 없다

"AI 시대에 우리는 어떻게 살아야 할까요?"

이 질문은 21세기를 살아가는 우리 모두에게 거대한 불안의 그림자를 드리운다. 인공지능이 인간의 언어를 이해하고, 코드를 짜고, 예술을 창작하는 시대. 기술의 발전 속도 앞에서 인간 고유의 역할은 무엇인지, 우리 아이들은 어떤 능력을 갖춰야 미래 사회에서 살아남을 수 있을지 막막하기만 하다.

이 불안감 속에서 많은 부모와 교육자들은 또다시 조급한 해결책을 찾기 시작한다. 더 일찍 코딩을 가르치고, 더 많은 데이터를 다루게 하고, AI가 할 수 없는 창의력을 길러주어야 한다며 새로운 사교육 시장으로 아이들을 내몬다.

하지만 이는 질문의 방향을 잘못 짚은 것이다. 우리는 'AI와 경쟁해서 이기는 법'을 물을 것이 아니라 '기술의 시대에 인간다운 삶이란 무엇인가'를 물어야 한다. 그리고 이러한 근본적인 질문 앞에서, 우리는 대한민국 교육이 오랫동안 붙들고 있었던 가장 오래된 착각과 마주하게 된다. 바로 '인생에는 정답이 있다'는 착각이다.

우리 사회와 교육은 오랫동안 인생을 하나의 정답을 찾아가는 거대한 시험 문제처럼 다루어 왔다. 좋은 성적, 명문 대학, 안정된 직장, 경제적 성공으로 이어지는 단 하나의 모범답안이 존재한다고 믿었다. 이 정해진 경로를 빠르고 정확하게 따라가는 아이는 '우등생'으로, 여기서 벗어나 질문하거나 다른 길을 기웃거리는 아이는 '부적응자'나 '진도를 방해하는 학생'으로 취급되었다. 학교는 아이들이 각자 어떤 꽃을 피울 수 있는지 들여다보기보다, '점수'라는 좁은 문으로 모두를 밀어 넣는 정교한 채점 시스템이 되어갔다.

그 결과, 아이들은 '왜 배워야 하는가?'라는 삶의 질문을 잃어버리고 '어떻게 외워야 하는가?'라는 생존의 기술만 익히게 되었다. 스스로 문제를 정의하고 새로운 길을 상상하는 능력은 거세된 채, 주어진 문제를 빠르고 정확하게 푸는 훈련에만 매몰되었던 것이다.

그러나 속도와 정확성이 인간의 가장 중요한 덕목이었던 산업화 시대는 이미 저물었다. 정답을 찾는 능력은 이제 인간보다 기계가 더 뛰어난 영역이 된 것이 사실이다. 세상은 바뀌었는데, 우리의 교실은 여전히 과거의 성공 공식, 즉 '정답 맞히기'라는 낡은 신화를 아이들에게 강요하고 있을 뿐이다.

마이폴학교는 바로 이 '정답 사회'에 대한 근본적인 반기에서 시작되었다. 우리는 인생이 누군가 미리 만들어 놓은 지도를 따라가는 여행이 아님을 믿는다. 각자의 인생은 스스로 길을 내고, 때론 헤매고, 실패하고, 다시 일어서면서 완성해 가는 미지의 탐험과 같다. 그래서 마이폴학교는 아이들에게 목적지가 명확히 표시된 지도를 건네지 않는다. 그것은 아이의 가능성을 제한하고, 어른의 불안을 투영하는 또 다른 폭력일 수 있기 때문이다.

대신 우리는 아이들 손에 '나침반'을 쥐여 준다. 나침반은 정해진 길을 알려주지 않는다. 다만 방향을 가리킬 뿐이다. 그 방향을 보고 동쪽으로 갈지, 서쪽으로 갈지, 혹은 잠시 멈춰 쉴지를 결정하는 것은 온전히 탐험가 자신의 몫이다. 마이폴학교의 교육은 아이들이 자신만의 나침반을 읽고, 스스로의 걸음을 선택할 수 있도록 돕는 과정이다.

이를 위해 우리는 '가르침'을 멈추고 '기다림'을 택했던 것이다. 교사는 정답을 알려주는 사람이 아니라 아이가 스스로 질문을 찾을 때까지 함께 고민하는 '동행자'이다. 한 학생이 몇 주, 몇 달간 하나의 수학 문제나 탐구 주제를 붙들고 씨름

할 때, 우리는 그것을 '느리다'고 평가하지 않고 '깊어지고 있다'고 믿어준다. 결과물의 완성도보다 그 과정에서 아이가 무엇을 느끼고, 어떤 시행착오를 겪으며, 실패 앞에서 어떻게 다시 일어서는지를 더 중요하게 여긴다.

이것이 마이폴학교가 지향하는 '대학원 방식의 아웃풋 교육'의 본질이다. 지식을 수동적으로 받아 적는 것이 아니라 스스로 가설을 세우고, 자료를 탐색하며, 자신만의 논리를 세워 하나의 결과물로 완성해 내는 경험. 이 과정에서 아이들은 단순히 지식을 얻는 것을 넘어, 지식을 다루는 태도와 자신만의 학습법, 즉 '공부하는 힘'을 기르게 된다. 설령 그 결과물이 실패로 끝나더라도, 실패의 경험은 좌절이 아닌 '학업적 회복 탄력성'을 기르는 최고의 자산이 되는 것이 사실이다. 마이폴의 교실에서 실패는 끝이 아니라 또 다른 질문의 시작이기 때문이다.

"하고 싶은 게 뭔지 모르겠어요."

마이폴학교에 처음 온 아이들이 가장 많이 하는 이 말은, 절망의 언어가 아니라 가장 정직한 자기 고백이자 배움의 진정한 출발점이다. 그동안 '내가' 무엇을 원하는지 묻는 대신, '남들이' 원하는 정답에 맞춰 살아왔기 때문이다. 마이폴의 역할은 그 텅 빈 공간에 섣부른 대안을 채워 넣는 것이 아니다. 아이가 자신의 목소리를 들을 수 있도록 고요하고 안전한 시공간을 마련해주는 것이다.

감정 일기를 통해 자신의 마음을 들여다보게 하고, 하루 한 주제 몰입 수업을 통해 관심사에 깊이 빠져드는 경험을 선물하고, 프로젝트 기반 학습을 통해 '나의 질문'이 어떻게 세상과 연결될 수 있는지 체험하게 한다. 이 과정에서 아이들은 서서히 깨닫기 시작한다. 내가 무엇을 할 때 살아 있음을 느끼는지, 어떤 이야기에 마음이 움직이는지, 무엇을 더 깊이 탐구하고 싶은지를 말이다.

그렇게 한 아이는 AI가 그린 그림을 보고 예술의 본질을 묻는 크리에이터의 꿈을 꾸게 되고, 다른 아이는 음악 속 수학적 규칙을 발견하며 자신만의 방식으로 수학과 다시 만나게 된다. 또 다른 아이는 교과서에 나오지 않는 여성 과학자의 삶을 2년간 추적하며 역사 속에 숨겨진 이야기를 세상에 알리는 연구자가 된다. 이 모든 것은 누가 시켜서 한 공부가 아니다. 자신의 내면에서 길어 올린 질문이 삶의 방향이 된 것이다.

이제 우리는 우리 자신과 아이들에게 물어야 한다. "나는, 그리고 나의 아이는 지금 자신의 이야기를 쓰고 있는가? 아니면 누군가 미리 써놓은 각본을 연기하고 있는가?"

인생에 정답은 없다. AI가 수많은 정답을 대신 찾아주는 시대에, 인간에게 남겨진 가장 위대한 과제는 '나만의 질문'을 던지고, '나만의 이야기'를 써 내려가는 것이다. 세상이 제시하는 모범 답안은 나를 구원해 주지 못한다. 오직 내 가슴을 뛰게 하는 그 무언가를 향해 나아가는 여정만이 우리를 진정한 자기 삶의 주인으로 만든다.

마이폴학교는 그 길을 함께 걷는 작은 공동체다. 우리는 아이들이 넘어질 수 있는 자유, 헤맬 수 있는 권리, 그리고 자신만의 속도로 걸어갈 용기를 지켜주고자 한다. 정답 없는 세상 속에서, 자신의 삶이라는 가장 위대한 질문 앞에 우뚝 서서, 마침내 자기만의 답을 써 내려가는 사람. 마이폴학교는 바로 그 한 사람을 길러내기 위해 존재한다. 그리고 그 한 사람이 바로, 우리 교육이 기다려야 할 진짜 미래다.

부록 1

마이폴학교 라이프스타일

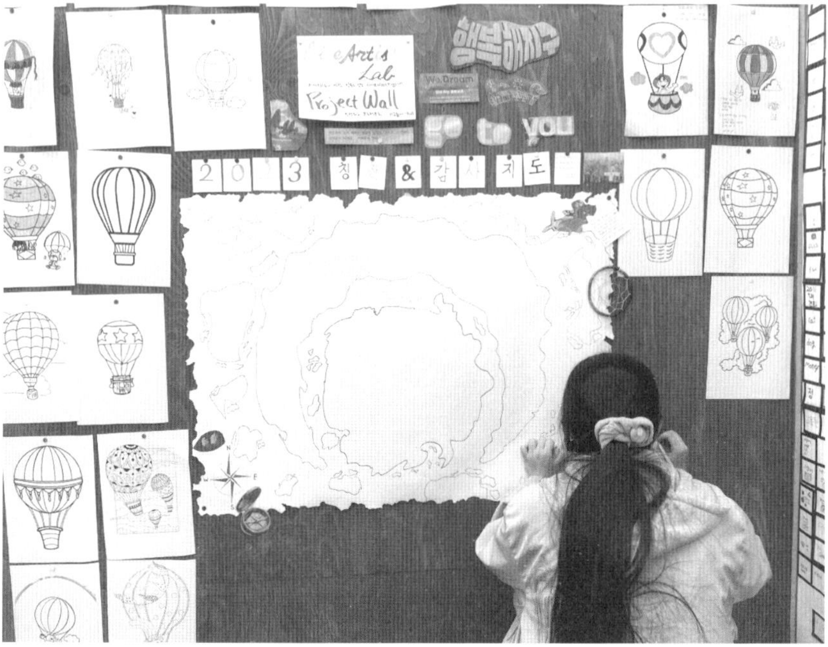
Project Wall
go to you

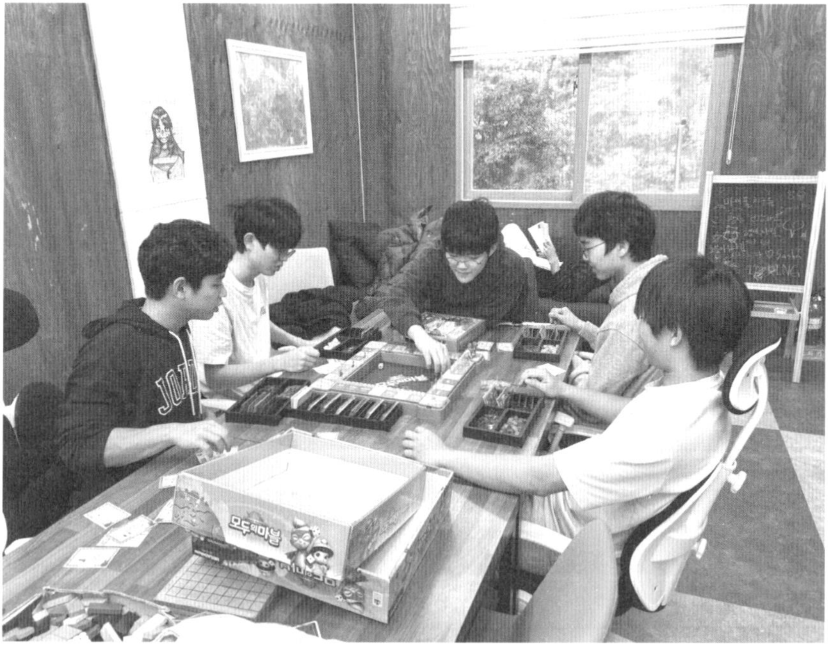
모두의마블

부록 2

마이폴 사람들의 이야기

함께 걷는 교사, 살아 있는 질문의 교실

- 교사 J.H.

연구에 대한 갈망은 늘 제 안에 있었습니다. 논문을 함께 쓰고, 생각을 나누며 지식을 만들어가는 과정이 제게는 늘 설렘으로 다가왔습니다. 그래서 자연스럽게 교육의 길을 걷게 되었습니다. 하지만 처음 만난 교육 현장은 생각만큼 이상적이지 않았습니다. 주입식 교육에 익숙한 학생들을 지도하는 일은, 한 문장을 이해시키는 데에도 많은 시간이 걸렸고 그만큼 제 안의 에너지를 무차별적으로 쏟아야 했습니다.

그런 제가 마이폴학교에 오게 된 건 우연인 듯 운명이었습니다. 이곳의 첫인상은 분명했습니다. 획일화된 방식이 아닌, 다양한 방법으로 배움을 시도하는 교실. 무엇보다 학생 주도적인 수업에 강한 끌림을 느꼈습니다. 교사가 가르치는 사람이 아니라 곁에 서는 동반자가 된다는 말이 단순한 수사가 아니라는 걸 이곳에서 실감합니다.

마이폴에서는 학생들이 거리낌 없이 질문을 던집니다. '이

건 왜 그런가요?' 하고 묻는 그 짧은 한마디에 이미 배움의 문이 열려 있음을 봅니다. 수업 중에 자연스럽게 이어지는 질문과 토론, 그리고 그 안에서 눈빛이 반짝이는 아이들을 보면 저라는 교사가 왜 이 자리에 있는지를 다시금 깨닫습니다.

제가 가장 중요하게 여기는 수업 방식은 '연구 노트'입니다. 학생이 지금 어떤 고민을 하고 있는지, 어떤 흐름으로 생각을 이어가고 있는지를 알 수 있는 소중한 기록입니다. 정답보다 과정을 중시하는 마이폴의 교육 철학이 이 안에 고스란히 담겨 있습니다. 이 노트를 함께 들여다보며 학생과 저는 진심으로 연결됩니다.

물론 쉽기만 한 여정은 아닙니다. 특히 저학년 학생들에게 연구 방법을 설명할 때는 더더욱 그렇습니다. 이해가 될 때까지 반복해서 설명하고, 끝까지 함께 가야 하는 인내심이 필요합니다. 하지만 어느 순간 학생의 얼굴에 '이제 알겠다'는 표정이 떠오르면 그동안의 시간이 모두 값지게 느껴집니다.

마이폴에서는 감정도 배움의 일부입니다. 감정일기나 감정 점검 시간을 통해 학생들은 자기 안의 감정을 솔직하게 표현합니다. 저 역시 이 시간을 통해 저 자신을 돌아보게 됩니다. 처음에는 마음속의 관심만으로도 충분하다고 생각했지만, 그 관심을 말로 표현하지 않으면 오해가 생긴다는 걸 어느 순간 깨닫게 되었습니다. 교육도 결국은 관계라는 단순한 진리를 이곳에서 다시 배웁니다.

마이폴의 교실은 지식보다 사람이 먼저입니다. 정답보다 마음이 먼저입니다. 그래서 이곳의 교사는 단순히 지식을 전달하는 존재가 아닙니다. 학생과 함께 배우고 함께 자라는 사람입니다. 제가 알고 있는 답이 아니더라도 모르는 질문 앞에서 함께 고민하고 알아가는 태도를 배우게 됩니다.

한 학생이 떠오릅니다. 관계 형성에 어려움을 겪던 아이였는데, 오랜 시간 관심과 격려를 이어가자 조금씩 변하기 시작했습니다. 학문에 대한 흥미도 생기고, 점점 수학적 사고를 확장해 가는 모습이 보였습니다. 저는 그 아이가 훌륭한 연구자로 성장하길 바라는 마음을 품게 되었습니다. 마이폴은 그렇게 아이도, 교사도 함께 성장하게 만듭니다.

이곳에서의 시간은 제 삶을 통째로 바꾸어 놓았습니다. '내가 학생이라면 무엇이 어려울까'라는 질문을 늘 안고 수업에 들어가게 되었고, 교사로서의 책임감보다 함께하는 사람으로서의 진심이 더 중요하다는 걸 알게 되었습니다.

앞으로도 저는 이 자리에서 초심을 잃지 않고 꾸준히 학생들에게 관심을 기울이는 교사이고자 합니다. 가르치는 일이 아닌, 함께 자라는 일. 그 여정을 마이폴에서 계속 걷고 싶습니다.

아이와 함께 뛰며 배우는 삶

- 교사 Y.J.

고등학교 시절, 저는 학업 성적은 뒤에서 두 번째, 생활 태도는 방황 그 자체였습니다. 그런 저를 끝까지 믿어주고 기다려주신 선생님이 계셨습니다. 그 시절에는 그 손길이 얼마나 귀한 것이었는지 알지 못했지만, 성인이 되어 뒤늦게 그 의미를 깨달았습니다. 교육이란 눈에 보이는 즉각적인 효과가 없더라도, 결국은 사람을 좋은 길로 이끌 수 있다는 믿음이 제 안에 자리 잡았습니다. 그렇게 23세에 사범대학에 들어가 교사의 길을 걷게 되었고, 지금은 마이폴학교에서 체육교사로 아이들과 함께 뛰고 있습니다.

처음 마이폴을 알게 되었을 때 '자율 교육과정'이라는 말이 눈에 들어왔습니다. 저는 스스로가 공교육의 실패자였다고 생각했습니다. 오랜 시간 책상에 앉아 있는 것보다 몸을 움직이고 싶었던 저에게 기존의 학교 시스템은 숨이 막히는 공간이었습니다. 그래서 교사로서 대안교육을 실현하고 싶은 열망이 있었고 그 결이 마이폴과 맞닿아 있다는 느낌이 들었습니다.

마이폴의 첫인상은 분명했습니다. 이곳의 교사들은 진심으로 하나 되어 아이들을 바라봅니다. 학생들은 다양한 학문과 활동 속에서 스스로를 탐색하고 그 과정을 통해 자신만의 속도와 방식으로 성장해 나갑니다. 저는 그 모습에서 이전 학교에서는 느끼지 못했던 새로운 가능성과 희망을 발견했습니다.

체육교사로서 저는 교실 앞에 서는 사람이기보다 아이들과 함께 뛰는 '팀원' 같은 존재입니다. 축구 수업을 할 때 승패보다 더 값진 것은 아이들이 서로를 응원하고 배려하는 모습입니다. 그럴 때마다 '교사는 곁에 서는 사람'이라는 말을 실감합니다.

가장 기억에 남는 순간은 체육 활동을 늘 기피하던 한 학생이 축구 수업에서 골을 넣었을 때였습니다. 팀원들의 환호 속에서 그 학생의 얼굴에 떠오른 자신감은 단순한 경기 이상의 의미를 담고 있었습니다. 운동이란 결국 몸을 넘어서 마음을 키우는 일이라는 것을 그날 다시금 느꼈습니다.

수업에서 실패를 경험한 적도 많습니다. 초임 시절에는 수업 역량이 부족하다는 생각에 주눅 들기도 했습니다. 하지만 아이들과 함께 부딪히며 수업을 만들어가면서 어느새 저를 믿고 따라오는 아이들의 눈빛에서 '성장'을 확인하게 되었습니다. '내가 교사라는 것이 참 감사하다'는 마음이 드는 순간입니다.

저는 지금 마이폴에서 메츨러의 스포츠 교육 모형을 적용하기 위해 준비하고 있습니다. 학생들이 단순히 경기에 참여하는 것이 아니라 심판, 해설, 기록원 등 다양한 역할을 맡아 스포츠를 입체적으로 경험할 수 있도록 계획하고 있습니다. 몸을 움직이는 것 이상으로 공동체 속에서 자신의 위치를 고민하고 책임을 배우는 기회가 되기를 바랍니다.

또한 수업 시간마다 "왜 이 기술이 필요할까?", "내 몸은 어떤 반응을 했을까?" 같은 질문을 던지며 아이들이 스스로 생각하는 훈련을 하고자 합니다. 체육도 결국 '몸으로 사유하는 배움'이기 때문입니다.

마이폴의 무학년제 수업은 학생들 간의 체력과 운동 능력 격차가 클 수밖에 없습니다. 그래서 저는 학생 각자에게 맞는 목표를 정하고 다양한 방식으로 도전할 수 있도록 돕습니다. 중요한 것은 남보다 잘하는 것이 아니라 어제의 나를 넘는 경험을 만드는 것입니다.

삶도 운동처럼 완성형이 아니라는 사실을 이곳에서 다시 배웁니다. 땀이 마를 무렵, 아이들의 눈빛에서 성장의 기쁨이 번져 나올 때 저는 비로소 이 직업의 가치를 느낍니다. 때로는 이것저것 아쉬울 때도 있지만 아이들이 흘린 땀만큼 저 역시 더 건강한 시선으로 삶을 바라보게 되었습니다.

　마이폴은 저를 끊임없이 성장시키는 공간입니다. 이곳에서 계속 교사로 남고 싶은 이유도 그 때문입니다. 매일 아이들과 함께 뛰고, 함께 도전하고, 함께 웃으며 저는 다시 '나'라는 사람을 발견합니다. 교사이기 이전에 배움의 동료로서 살아가는 시간. 그 시간이 저를 더 좋은 사람으로 만들어 주고 있습니다.

　처음에는 체육 수업을 피해 다니던 한 학생이 있었습니다. 하지만 어느 날, 그 아이가 조용히 말했습니다. "한 번만 같이 해볼게요." 그렇게 시작된 하루는 끝까지 이어졌고 운동장에서 땀에 젖은 그 얼굴은 지금도 잊히지 않습니다. 그 아이는 제게 이렇게 말한 것 같았습니다. "선생님, 제가 달라질 수 있다는 걸 믿어주세요." 저는 그 말을 평생 마음에 품고 살아갈 것입니다.

나답게 배운다는 것

- 재학생 J.H.

예전 학교에서의 저는 그냥 '신기한 아이'였습니다. 조용한 것도, 활발한 것도 아니고 그저 어딘가 튀지도 묻히지도 않는, 조금은 엉뚱한 구석이 있었던 아이였던 것 같습니다. 정해진 시간표대로 움직이고, 눈치를 보며 앉아 있어야 했던 교실은 그리 편한 공간이 아니었습니다. 그러다 마이폴학교에 오게 되었어요.

처음에는 많이 낯설었습니다. 학교 시간표도 다르고, 중학생과 고등학생이 뒤섞여 수업을 듣는 환경도 처음에는 어색했습니다. 고등학생만 있는 분위기에 익숙했던 저에게는 다 같이 섞여 있는 이 구조가 조금 불편하게 느껴지기도 했죠. 하지만 시간이 지나면서 그런 경계가 무의미하다는 걸 알게 되었습니다. 중요한 건 학년이 아니라 '무엇을 배우고 있는가'였습니다.

마이폴의 배움은 예전과 다릅니다. 이전에는 공부가 시험을 잘 보기 위한 수단 같았다면 지금은 저의 재능과 가능성을 키워가기 위한 도전처럼 느껴집니다. 특히 전공 시간에 진행하는 연구 수업은 가장 재미있고 몰입되는 순간입니다. 공부가 누군가를 따라가는 것이 아니라 저 자신을 향해 가는 여정이라는 것을 실감합니다.

저는 만들기나 발표 같은 활동에 집중이 잘됩니다. 손으로 직접 만들고, 입으로 나의 생각을 표현하는 과정이 살아 있는 배움처럼 느껴지기 때문이지요. 친구들과 함께하는 활동이 힘들게 느껴질 때도 있지만 그 과정에서 '혼자 하는 게 편할 수도 있지만 함께 해내는 게 더 값지다'는 걸 배웠습니다. 사회란 결국 '같이' 살아가는 곳이니까요.

실수한 기억은 많지 않지만 다 같이 하는 활동에서 제가 실수했을 때 느꼈던 책임감은 오히려 다음 활동에 더 집중하게 만든 계기가 되었습니다. 활동을 준비하면서는 '어떻게 해야 내가 이 과정에 더 기여할 수 있을까'를 고민하게 되고 그런 순간이 쌓이면서 저도 조금씩 변해 갑니다.

마이폴에서 달라졌다고 느낀 순간은 전공 논문을 완성했을 때였습니다. 그 결과물을 만들어냈다는 자부심이 생겼고 스스로에게 당당해질 수 있었습니다. 콧대가 살짝 높아졌다고 표현할 수 있을 만큼 자신감이 붙었습니다.

지금의 저는 추진력이 좋은 편입니다. 무언가 하고 싶은 것이 생기면 도전하고 최선을 다해보려 합니다. 마이폴은 그런 제 모습을 자주 비춰주는 거울 같았어요. 자유시간이 많다는 것도 이 학교의 장점인데 그 시간에 저는 노트북으로 모델링을 하거나 딥러닝을 공부하거나 때로는 예능을 보며 쉬는 시간을 가집니다. 그 시간도 결국은 저를 구성하는 한 부분이니까요.

이곳에서 제가 가장 좋아하는 시간은 기숙사에서 잠을 잘 준비를 하는 순간입니다. 잠이 많은 저에게는 가장 평화롭고 나다운 시간이 아닐까 싶어요. 하루를 돌아보면 마음이 차분해지고 이어서 내일을 그려보게 됩니다.

학교 수업 방식 중 가장 도움이 된 것은 다양한 피드백과 리플렉션 활동이었습니다. 발표를 준비하면서 생각을 정리하는 과정도, 피어 피드백을 주고받으며 새로운 시선을 배우는 경험도 모두 제 안에 남아 있습니다.

저는 '나만의 재능을 키우는 활동'에 가장 큰 흥미를 느낍니다. 아무도 대신할 수 없는 나만의 능력을 키워간다는 건 무척 소중한 일입니다. 그래서 저는 마이폴을 이렇게 설명하고 싶습니다.

"노력한 만큼 갈 수 있는 학교."

저의 미래는 '성공한 사람'입니다. 물론 그 성공이 정확히 무엇을 의미하는지는 아직 모르겠지만 지금 이 시간이 그 길을 향한 발걸음이라는 건 분명합니다. 마이폴에서 저는 질문하는 법을 배우고, 혼자보다 함께의 가치를 깨닫고, 실패보다는 도전을 먼저 떠올리는 사람이 되어가고 있습니다.

아직 '가장 나다웠던 순간'을 꼽기에는 조금 이른 시기일 수도 있습니다. 하지만 언젠가 제 발표가 누군가에게 영감을 주거나, 연구가 실제 무언가를 바꿔내는 순간이 온다면 그때 저는 이렇게 말할 수 있을 것 같습니다.

"그 시작은 마이폴이었어요."

웃고, 질문하고, 토론하며

— 재학생 D.Y.

예전의 저는 살짝 조용하면서도 활발한 아이였습니다. 말이 많은 편은 아니었지만, 그렇다고 조용한 아이도 아니었습니다. 어떤 날은 스스로 튀지 않는 존재 같았고, 또 어떤 날은 혼자만의 세상에서 신나게 노는 느낌이었어요. 그런 제가 마이폴학교에 오면서 조금은 다르게 지내게 되었습니다.

처음 이곳에 왔을 때 '수업 방식'이 너무나도 낯설었습니다. 기존 학교에서는 정해진 커리큘럼과 시간표대로 움직였지만, 마이폴에서는 스스로 배우고 탐색하는 시간이 훨씬 많았던 거지요. 처음엔 낯설고 어색했어요. 하지만 시간이 지나면서 이게 진짜 '재미있는 공부'라는 걸 알게 되었습니다. 특히 자기 전공에 대해 더 가까이 다가갈 수 있다는 점이 좋았습니다. 공부가 더 이상 시험을 위한 준비가 아니라 '내가 알고 싶은 것을 알아가는 행위'라는 느낌이 들었던 거죠.

가장 기억에 남는 프로젝트는 금성 관찰 활동입니다. 실제로 금성은 보지 못했지만, 대신 스타링크 위성을 볼 수 있었습니다. 그날 밤 느낀 건 기다림은 절대 무의미하지 않다는 것이었어요. 관찰 결과가 예상과 달랐어도 그 시간을 함께 보낸 그 자체가 의미 있었기 때문입니다.

어느 날 수업 중에 '단어의 뜻'을 물어본 적이 있습니다. 모르는 건 꼭 짚고 넘어가야 하는 스타일이기 때문입니다. 마이폴에서는 그런 질문이 자유롭습니다. 눈치 보지 않아도 되는 분위기에서 질문을 던질 수 있다는 것, 그 자체가 생각보다 큰 힘이 된다는 걸 알게 되었어요.

감정일기나 감정 점검 시간도 처음에는 솔직히 조금 귀찮다고 느꼈던 것이 사실입니다. 하지만 지금은 그 시간이 제 감정을 정리하고 돌아보는 데 큰 도움이 되었다고 생각합니다. 감정을 꺼내 놓는 일이 마음을 가볍게 해준다는 걸 알게 되었으니까요.

제가 가장 즐거움을 느끼는 활동은 단연 토론입니다. 두 팀이 각자의 논리를 내세우고 근거를 제시하며 밀고 당기는 그 긴장감이 좋습니다. 누가 이기든 상관없이 생각이 깊어지는 경험이기 때문입니다. 실패나 실수를 했을 때도 처음엔 부끄러웠지만 지금은 그런 실패들이 모여 저를 만들었다고 생각할 수밖에 없으니까요.

마이폴에서 지내면서 일어난 변화 중 하나는 '약간 더 외향적으로 변했다'는 점입니다. 이전보다 더 자주 웃고, 더 많은 사람들과 어울리며, 스스로를 드러내는 법을 배우고 있습니다. 친구들과 놀면서 웃고 떠들 때 정말 저다운 표정을 짓고 있다는 걸 느낍니다.

저는 예체능 활동, 특히 농구에 강점을 가지고 있습니다. 수업 시간 외에도 IR 시간이나 자유시간에 농구, 기타, 그림, 운동을 하며 제 감각을 키워가고 있습니다. 학교 밖 활동 중에서는 경찰 무도 대회에 참가했던 일이 기억에 남습니다. 그 대회에서 상도 받았고, 도전하고 성취하는 경험이 큰 자극이 되었습니다.

마이폴에서 자유시간은 정말 소중하죠. 그 시간에 저는 AI 공부, 코딩, 악기 연주, 그리고 물론 농구를 합니다. 좋아하는 걸 스스로 선택하고 그 안에서 성장하는 시간이 바로 이 학교의 장점입니다. 저에게 가장 도움이 되었던 수업 도구는 계획서였습니다. 스스로 방향을 정하고 계획하는 과정이 제 학습 태도를 한층 더 단단하게 만들어주었으니까요.

만약 누군가 마이폴학교에 대해 한 문장으로 물어본다면, 저는 이렇게 말할 겁니다.

"여긴 진짜 자유로워."

물론 그 자유는 '아무거나 해도 된다'는 의미가 아니라 '스스로 선택한 만큼 책임지고 성장할 수 있다'는 뜻입니다.

저는 앞으로도 계속 '성실한 사람'으로 살아가고 싶어요. 약속을 잘 지키고, 자신에게 부끄럽지 않은 사람이 되는 거지요. 지금 저는 하루하루, 지킬 수 있는 약속을 만들어가고 있습니다. 작은 습관이 쌓여 언젠가 저를 더 멋진 어른으로 만들어주리라 믿습니다.

마이폴에서 시작된 나의 공부

- 졸업생 S.W.

중학교 3학년 무렵, 마이폴학교를 처음 알게 되었습니다. 공부에 흥미를 잃어가던 시기였고, 당시 저는 뚜렷한 진학 목표도 없었습니다. 수능을 보지 않아도 되고, 시험이 없다는 이야기에 끌려 마이폴에 진학했습니다. 지금 생각해 보면 그때의 선택이 인생의 방향을 바꾸는 전환점이 되었던 것이 아닐까요.

마이폴의 생활은 이전 학교와는 많이 달랐습니다. 무엇보다 기숙사 생활을 통해 친구들과 선생님들과 하루 24시간을 함께 지내야 했기에 관계의 밀도가 훨씬 높았습니다. 수직적 관계뿐만 아니라 다양한 연령대의 학생들과 수평적 교류를 하게 되었고, 그 경험은 지금도 사회생활을 할 때 큰 자산입니다.

공부 면에서는 직접 선택한 전공 중심으로 학습할 수 있어 학업 스트레스가 줄어들었습니다. 무엇보다 외부의 방해 요소가 적은 환경 덕분에 오롯이 몰입할 수 있었던 것이지요. '다른 생각 말고 공부에 집중하자'는 자세가 자연스럽게 길러졌습니다.

가장 기억에 남는 수업은 수리통합논술이었습니다. 수학적 문제를 탐구하고 논리적으로 정리하는 과정은 마치 대학원 연구와도 비슷했습니다. 답을 빠르게 찾는 것보다 오래 고민하고 방향을 스스로 모색하는 시간이었고, 그 속에서 끈기와 몰입이라는 배움의 본질을 체득할 수 있었죠.

마이폴에서 가장 크게 성장했다고 느끼는 부분은 생각하는 방식 자체였습니다. 결과가 아닌 과정의 즐거움을 알게 되었고, 깊이 사고하는 습관이 성격과 인격에도 영향을 주었습니다. 지금도 어떤 결정을 내릴 때 즉흥적으로 움직이기보다 '충분히 생각한 후 행동하기'를 중요하게 여깁니다.

졸업 후에는 AI 관련 전공으로 대학원에 진학했고 지금도 새로운 연구와 논문 작업을 이어가고 있습니다. 마이폴에서 처음 접한 코딩과 논문 쓰기, 자기 전공에 몰입하는 습관은 지금의 저를 만든 핵심 배경입니다. 단순한 학교생활이 아니라 삶의 중심이 되어줄 진짜 공부를 배운 시간이었습니다.

많은 이들이 저에게 묻습니다. "어떻게 그 나이에 대학원을 갔냐"고요. 저는 고졸 검정고시와 독학사, 학점은행제를 통해 저만의 진로를 설계했고 그 길을 따라 성실히 걸어왔습니다. 마이폴이 저에게 전해준 자기주도성 덕분입니다. 매일 아침 오늘 할 일을 정리하며 하루를 시작하고, 퇴근 후에도 시간을 주도적으로 씁니다. 운동, 게임, 독서, 뉴스 탐색, 부족한 연구 채우기까지 하루하루가 스스로 만든 루틴으로 구성되어 있습니다.

마이폴에서의 감정 피드백, 대화, 협업 경험도 큰 도움이 되었습니다. 연구실이라는 공동체 안에서 다양한 의견과 마주할 때 감정이 앞서지 않도록 차분하게 대화하는 법도 배웠습니다. 학창 시절에는 몰랐지만 지금은 그 모든 경험이 얼마나 귀한 교육이었는지 알게 되었습니다.

'공부'는 단지 지식을 외우는 행위가 아닙니다. 새로운 것을 배워가려는 태도, 낯선 상황을 마주했을 때 유연하게 적응하고 탐색하는 자세가 진짜 공부라고 생각합니다. 삶을 살아가며 끊임없이 '배워가는 사람'으로 존재하는 것, 그것이 제가 마이폴에서 시작한 공부의 연장선입니다.

무엇보다 마이폴은 행복하게 사는 삶의 방식을 알려주었습니다. '공부를 잘해도, 돈이 많아도, 행복하지 않으면 무슨 소용인가'라는 단순하지만 중요한 진리를요. 그래서 지금도 하루하루를 소중히 여기며 살아가고 있습니다.

최근 전문연구요원 편입으로 군사훈련을 받으며 건강의 중요성을 다시금 절감했습니다. 아무리 하고 싶은 것이 많아도

몸이 따라주지 않으면 할 수 없다는 사실을 뼈저리게 느꼈습니다. 그래서 후배들에게 꼭 이야기해주고 싶습니다. "걷기라도 좋으니 건강부터 챙기세요. 그게 진짜 실력입니다."

10년 후의 저는 아마도 인공지능 분야에서 꾸준히 일하며, 마이폴 친구들과 가끔 만나 추억을 나누고 있을 겁니다. 그때도 지금처럼 하루하루 열심히 살아가는 사람이 되어 있기를 바랍니다. 그리고 이 글을 읽고 있을 후배들에게 말하고 싶습니다.

"지금은 힘들지 몰라도 지나고 나면 다 추억이 됩니다. 하루라도 빨리 졸업을 향해 열심히 달리세요. 그 시간이 여러분을 단단하게 만들 겁니다."

질문하는 공부, 나를 찾는 시간

- 졸업생 S.E.

저는 다니던 중학교에서 학업과 분위기에 제대로 적응하지 못하고 있었습니다. 늘 성적을 위해 공부해야 한다는 압박이 있었고, 재미보다 결과가 앞서는 환경 속에서 점점 '공부'라는 것에 흥미를 잃어가고 있었죠. 그때 어머니의 권유로 마이폴 학교를 알게 되었습니다. 시험도 수능도 없는 학교, 대신 흥미를 따라 배우고, 연구 중심으로 수업이 이뤄진다는 이야기를 들었을 때 이건 정말 꿈만 같았습니다. 저는 성적보다는 '이게 왜 이럴까'라는 질문을 오래 붙잡고 고민하는 걸 좋아하는 학생이었으니까요.

마이폴에 입학하고 나서의 생활은 모든 게 180도 달랐습니다. 수업 방식부터 달랐고 하루의 흐름도 스스로 계획해야 했습니다. 수리통합논술, 코딩 캠프, IR, 자주학 시간까지 그 어느 것 하나 강요된 게 없었지만, 오히려 더 치열하게 고민하고 십중하게 만드는 시간이었던 것입니다. 특히 기숙사 생활을 통해 친구들과 선생님들과 하루 24시간을 함께 지내며 관계의 진심과 경계를 동시에 배웠습니다.

가장 기억에 남는 프로젝트는 수학 IT 연구 활동입니다. 아르키메데스의 정리를 활용해 파이썬 코딩으로 원의 둘레를 구해보는 실험이었는데, 교과서에서 단순히 읽던 수학 공식이 손끝에서 살아 움직이는 느낌이라 정말 짜릿했습니다. 난생처음 수학적 원리를 '만지는' 경험이었고, 그 후로 연구라는 행위에 완전히 매료되었던 것 같습니다.

제가 가장 많이 성장했다고 느낀 부분은 자기주도성입니다. 마이폴 이전의 저는 흥미만 따르던 편이었어요. 하지만 마이폴에서의 경험을 통해 단순한 '편식'이 아니라 내가 진짜 원하는 것을 찾고 그것을 이루기 위해 무엇을 어떻게 준비해야 하는지를 스스로 탐색하는 힘을 갖게 되었죠. 이건 단순한 공부 능력이 아니라 '삶의 태도'에 가까웠습니다.

대학에 와서 문화 충격도 많았습니다. 학사지원센터에서 근로 장학생으로 일하며 부모님이 수강 신청까지 대신해 주는 대학생들을 종종 봅니다. 심지어 실시간으로 수업 신청을 부모님께 보고하는 경우도 있었죠. 저는 고등학교 시절부터 진로와 전공을 혼자 고민하고 준비했던 입장이었기에 이런 모습이 꽤 낯설고 당황스러웠어요. 하지만 그런 풍경조차 받아들이며 '나의 배움'에 집중하는 법을 배우는 중입니다.

현재 저는 인지심리학과 인간공학, HCI(인간-컴퓨터 상호작용) 분야에 집중하고 있습니다. 마이폴에서 처음 상담심리나 뇌과학에 흥미를 느끼며 시작했던 공부는 이제, 사람의 마음과 행동을 분석하고 설계하는 시스템 연구로 이어지고 있습니다. 지금도 새로운 전공인 컴퓨터과학 부전공을 준비 중이고 아직 확실한 계획은 없지만 시도해 보는 것 자체에 큰 의미를 두고 있습니다.

마이폴에서 배운 '자기주도성'은 단지 루틴을 지키는 습관이 아니라 나를 이해하고 내 길을 선택하는 훈련이었습니다. 매 학기마다 저만의 계획을 세우고, 연구를 진행하고, 수업과 근로를 병행하며 스스로의 삶을 설계해 나가고 있습니다. '성공'이란 저에게는 바로 이것입니다. 하고 싶은 일을 꾸준히 이어가며 그 안에서 내가 행복하다고 느끼는 것. 그리고 그 과정에서 흘리는 불안, 성취, 땀과 후회 모두가 나의 일부가 되는 것.

마이폴 졸업생이라는 자부심은 제가 연구에 몰입하고, 성실하게 하루를 살아갈 수 있도록 해주는 힘이 됩니다. 누군가가 저를 보며 "그 학교 출신답다"고 말해줄 때 그만큼 더 책임감을 가지고 살아야겠다는 생각도 하게 됩니다.

후배들에게 꼭 해주고 싶은 말이 있습니다. "고민되는 게 있다면 주저하지 말고 도전해 보세요." 준비가 완벽해졌을 때 시작하겠다는 생각은 결국 시작을 계속 미루게 합니다. 학교 밖에서는 '해 보라'고 등을 떠밀어주는 사람이 없기 때문에 지금 이곳에서의 작은 도전이야말로 앞으로 나아갈 큰 발판이 됩니다.

저는 아직도 게으른 편입니다. 친구들과 놀러 다니는 게 좋고, 침대에 누워 스마트폰 보는 시간도 여전히 행복합니다. 하지만 마이폴에서 배운 자기주도성 덕분에 필요할 때는 반드시 계획하고 실행에 옮기는 나를 알고 있습니다. 그 신뢰가 지금의 저를 움직이게 만듭니다.

10년 뒤, 저는 아마 해외에서 연구를 이어가며 일하고 있을 겁니다. 그 안에서도 마이폴에서 배운 연구자의 태도, 진심으로 배우고자 했던 질문들, 그리고 고민 많은 학창 시절의 제가 여전히 제 안에 살아 있을 것입니다.

그리고 이 글을 읽고 있을 후배들에게 꼭 전하고 싶습니다.

"계획이 적더라도 괜찮습니다. 자신이 할 수 있는 만큼 정하고, 그것부터 하나씩 실천해 보세요. 언젠가 방황하는 시간이 오더라도 마이폴에서 진심으로 해본 하루가 여러분을 다시 일으켜 세울 겁니다."

세상에 없는 학교 :
마이폴학교 이야기

초판 1쇄 인쇄 · 2025년 9월 18일
초판 1쇄 발행 · 2025년 9월 25일

지은이 · 박왕근
펴낸이 · 천정한
펴낸곳 · 도서출판 정한책방

출판등록 · 2019년 4월 10일 제446-251002019000036호
주소 · 충북 괴산군 청천면 청천10길 4
전화 · 070-7724-4005
팩스 · 02-6971-8784
블로그 · http://blog.naver.com/junghanbooks
이메일 · junghanbooks@naver.com

ISBN 979-11-991627-3-0 (03370)

- 책값은 뒤표지에 적혀 있습니다.
- 잘못 만든 책은 구입하신 서점에서 바꾸어 드립니다.
- 이 책의 일부 또는 전부를 재사용하려면 반드시 저작권자와 도서출판 정한책방의 동의를 얻어야 합니다.